U0142696

五南出版

美洲與大洋洲
鈔票故事館

第 34 屆金鼎獎最佳圖書作者　莊銘國

許啟發 編著

五南圖書出版公司 印行

序言

　　對一般人而言，鈔票是交易媒介。對我來說，鈔票上的圖像，就像「國家名片」，具有象徵的意義，從中可看到不同國家的文化、社會價值、過去歷史、現在情況與未來展望。如果長時間蒐集達三個版次以上，並對鈔票圖像中的人、事、物深入瞭解，自可學貫中西、神通古今，成為「世界公民」。筆者曾在民間企業任職二十六年，有機會前往業務相關國家從事商務活動，福至心靈，開始蒐集各國鈔票，並當場向客戶請教圖像內容做成記錄。自企業退休後，轉戰大學教職，利用寒暑假與太太同遊更偏遠國度，至今已超過百國。每到一國即設法兌換流通紙幣，並請益當地導遊，重點筆記，回國再行探索。筆者現擔任帝寶工業公司之獨立董事，該公司係純外銷汽車車燈之上市公司，許敍銘總裁很自豪說：「除南北極外，全世界都有我們的據點。」透過這些國際行銷管道，再補充沒有去過的國度紙鈔，並請海外經銷商略加資料說明；一些非流通之早期外幣，則請「磊昌郵幣社」代為採買；「稀有鈔票」在郵幣商會柏林的巴塞爾國際錢幣展銷會(World Money Fair Basel)、新加坡國際錢幣展銷會(Singapore International Coin Show)、東京國際錢幣展銷會(Tokyo International Coin Convention)、美國國際錢幣展銷(ANA World's Fair of Money)及北京國際錢幣博覽會，有機會購得。所謂「情之所鍾，千里不遠」，經年累月，付出多少心血，多少金錢，漸漸羽毛豐長，相當齊全。

　　當年，任職企業滿二十五年，第一次退休；轉戰學術界，又滿六十五歲，第二次屆齡退休；「莫讓餘年空流去，當使晚霞照人間」，現在的我，已逾七旬，偶爾兼課、演講、寫作及擔任顧問等打打零工。期盼有生之年，貢獻一己之力。

本書得以完成，特別感謝下列網站，使作者從中獲取豐厚知識：

(1) 世界紙鈔網（中國）

　　http://www.ybnotes.com/

(2) 世界の紙幣NEWS（日本）

　　http://www23.ocn.be.jp/%7Euemura

(3) Southern African Paper Money（南非）

　　http://members.xoom.com/papermoney/index.htm

(4) NEAL's Collectable Currency（美國）

　　http://members.AOL.com/NCCurrency/Currency.html

(5) AA NOTES Collectable Paper Money Site（英國）

　　http://www.aanotes.com/collecting/banknotes/frameset.htm

(6) E-Worldbanknotes.com（加拿大）

　　http://www.e-worldbanknotes.com/

　　長期鑽研各國紙鈔，相關知識、收藏積少成多，曾應邀各單位演講或展示，最值得一提的是「臺北故事館」於2012年2月18日開始為期半年的借展，緊接著是四個月的高雄科學工藝館、新光三越左營店及匯豐銀行一月期的臺北國父紀念館的展出，數不清的報紙、電臺及電視都報導了這些展覽。中央銀行券幣數位博物館(www.cbc.gov.tw)每年7月1日為期一年的主題特展，歷來也都由筆者擔綱，有興趣者請點入〈虛擬展覽館〉，就在〈主題展覽1F〉前述展期再點〈展覽回顧B1〉參觀。

　　此外，筆者由五南圖書公司出版《典藏鈔票異數》將各國各時期之特殊鈔票予以解析；另一本《遇見鈔票》，主題是將臺幣上之圖像與古今中外「類比」，該書獲2010年出版界最高榮譽「金鼎獎」，內心甚為雀躍。隨後有「理性」的《數字看天下》、「感性」的《鈔票的藝術》以及以人為本的《名人鈔票故事館：世界鈔票上的人物百科》。緊接著推出五大洲之鈔票介紹，作為日後「鈔票博物館」之主

軸。其中《歐洲鈔票故事館》及《非洲鈔票故事館》曾獲得「文化部中小學生優良課外讀物」的獎勵,《亞洲鈔票故事館》亦受讀者愛戴,也再版了。2017年的德國法蘭克福世界書展中,有三本有關鈔票的「拙作」參展,備感榮幸。

這本《美洲與大洋洲鈔票故事館》是五大洲鈔票介紹的最後一本。1492年哥倫布發現了新大陸(美洲),開啟歐洲各國競相殖民的熱潮,北美的加拿大與美國主要來自盎格魯薩克遜民族,我們稱之為「盎格魯美洲」,而自墨西哥以南的中、南美洲,主要來自西班牙及葡萄牙的拉丁民族,我們稱之為「拉丁美洲」。然以經濟及地域來看,將之分為「北美洲」、「中美洲」及「南美洲」。組成北美自由貿易協定(NAFTA)的三大國──加拿大、美國及墨西哥屬於「北美洲」;中美地峽七小國及眾多加勒比海的島國屬「中美洲」;南方錐形的「南美洲」有ABC三大國,即阿根廷、巴西與智利,再加上其他國家。

每一國原則都印行本國鈔票,但巴拿馬、厄瓜多及薩爾瓦多現用美元。美國是世界最富強的國家,其貨幣「美元」正面盡是政治人物,背面大多是政治建築,美洲很多國家仿效。而熱帶雨林大國巴西,其鈔票上有飛鳥走獸,也有不少美洲國家沿用。祕魯是古印加文明的中心,鈔票上出現不少遺跡,其他國家也有阿茲特克文化、馬雅文化的相關鈔票。逐一品味,再配合「一鈔一世界」,讀者可以了然於胸。

而大洋洲共有十四國，有三國採用美元，另三國用澳元，只有八個國家印有自己的鈔票，不足成為單行本。其中澳大利亞及紐西蘭的鈔票頗有「歐風」，主角非政治人物或民族英雄，而類似歐洲以文學家、藝術家和科學家為主流。太平洋的其他小國鈔票常見南島風情，別有風味。

　　本書特別邀約好友許啟發先生參與編輯，許先生見多識廣，對本書貢獻良多，盡心盡力，人生道路難得同行編書，緣分非淺。

　　收藏及剖析世界鈔票是一條費錢、費時的漫長不歸路！在家中掛著一幅字──「老身要健、老伴要親、老本要保、老家要顧、老趣要養、老友要聚、老書要讀、老天要謝」。研究各國鈔票就當「老趣要養」，當走到人生的盡頭，過個無悔的人生。印度泰戈爾名言：Let life be beautiful like summer flowers and death like autumn leaves.（生如夏花之燦爛，死如秋葉之靜美），吾深有同感。

莊銘國　謹識

Contents

第三篇 南美洲South America

第四篇 大洋洲Oceania

第一篇 北美洲 North America

- 哥倫布深信地理學家托斯卡內利提出的「地球球體說」，向西航行必然能抵達東方的印度、中國。1492年哥倫布獲得西班牙女王伊莎貝爾一世的贊助，經過漫長的航行，抵達陸地，自以為抵達印度，所以當地土著被叫做「印地安」，一直到他過世，不知道是發現「新大陸」。但義大利佛羅倫斯出身的探險家亞美利哥‧維斯普奇卻對此提出異議，後來親自出航，並調查當地的原住民、地理環境、生物生態後，宣布哥倫布抵達的地點不是印度（西印度），而是一片「新大陸」。亞美利哥的主張獲得普世之接納，這片新世界也以他的名字命名為「美洲」——America。

- 1492年發現美洲後，歐洲各國競相殖民，我們以殖民國而論，可分盎格魯美洲及拉丁美洲。前者是北美洲的加拿大與美國，主要來自盎格魯撒克遜民族；而後者是自墨西哥以南的中南美洲，主要來自西班牙、法國及荷蘭。

- 1776年美國獨立建國，英國為使英屬加拿大能與美國抗衡，鼓勵英國本土居民移往加拿大，使美加呈現競爭又合作的關係。1867年加拿大建國，地大物博人稀，美加兩國經濟密切結合。在拉丁美洲上端的墨西哥人力眾多（生育能力強，平均年齡輕），資源豐厚（石油、銀礦）、氣候良好（陽光帶），致美、加、墨談判，簽署北美自由貿易協定（NAFTA），大量引進美加資本，特別是汽車組裝、電腦及製造業零件。用人種角度，北美洲僅是加拿大、美國，而用經濟角度則為美、加、墨三國。以下依國名英文字母排列，依序介紹：1.加拿大Canada、2.墨西哥Mexico及3.美國USA，三國之鈔票。

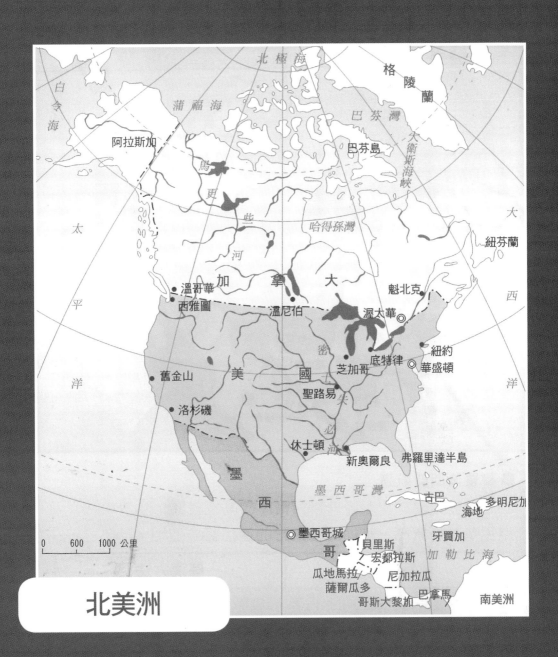

北美洲

加拿大
Canada
楓葉故鄉

首都：渥太華(Ottawa)
面積：9,984,670平方公里
人口：37,253,000 人
貨幣：加拿大元(CAD)　　1 USD ≒ 1.338 CAD

加拿大原來的國旗內有米字旗，因法裔加人反對而改用楓葉。楓樹是加拿大的國樹，加拿大享有「楓葉之國」的美稱。國旗左右兩條紅邊分別表示太平洋和大西洋（海洋應屬藍色，為單純化改用紅色），白色為白雪覆蓋的土地。加拿大的西部太平洋區有落磯山脈，不少國家公園坐落於此；東部的大西洋區與五大湖連成一氣，有天然良港，漁業發達。加拿大到處種植楓樹，樹汁可提煉糖漿。加拿大的面積僅次於俄羅斯。

　　16和17世紀才有歐洲人到北美作永久性定居，主要來自英國和法國。

　　1756-1763年英法七年戰爭，加拿大是雙方爭奪的目標和戰場。大部分的領地都落入英軍手中。英國為了安撫統治法國移民，實施《魁北克法案》，民事訴訟適用法國民法，刑事案件用英國法，使加拿大發展成為英法雙語文化的國家。

　　1812-1815年美英戰爭結束後，美加以北緯49度為界，劃定西部北美地區。今日美加西部的筆直邊界，就是這和約的結果。

【5加拿大元正面】

◎威爾弗里德‧勞雷爾爵士 Sir Wilfrid Laurier(1841-1919)

第七任，也是首位法裔加拿大總理，領導加拿大走入二十世紀。在他執政十五年間，加拿大的政治、經濟、工業化、移民等方面都有長足的發展，致力於改善英裔加拿大人與法裔加拿大人的關係，加拿大從英國的控制中得到更多自治。並創建了獨立的加拿大海軍，修建第二條國家鐵路。

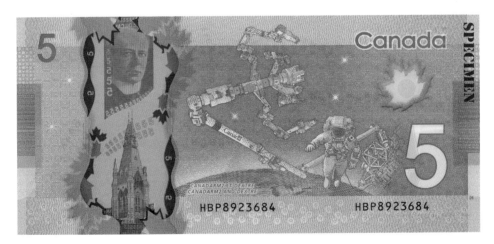

【5加拿大元背面】

◎加拿大手臂（移動維修系統）的圖案，紀念加國對國際太空站的貢獻。

移動維修系統(Mobile Servicing System)

簡稱MSS，連接在國際太空站上的機器人系統。加拿大參與國際太空站計畫，堪稱是太空機械人技術的先驅。加拿大是僅次於美俄，為第三個自行研發、建造和發射人造衛星至太空的國家。

【10加拿大元正面】

◎亞歷山大・麥克唐納 Sir John Alexander McDonald(1815-1891)

1857年，擔任殖民內閣總理，為加拿大獨立而奮鬥，後來成為自治領的第一任總理(1867-1873)，被稱為加拿大「聯邦之父」。1878至1891年再任加拿大總理。擔任總理長達19年之久。堅信加拿大的持續成長與繁榮，端賴與英國建立密切關係。在第二任期內，修建連貫加拿大東西部的太平洋鐵路完工，對全國經濟發展有巨大的貢獻。

全息條上是麥克唐納，下方是國會山圖書館

【10加拿大元背面】

◎加拿大太平洋鐵路

西起溫哥華，東至蒙特婁，在麥克唐納第二次任內的1881至1885年間興建完工，實現了對不列顛哥倫比亞於1871年加入加拿大聯邦的承諾。是加拿大首條越州鐵路，也是當時唯一長途運輸工具，對加拿大西部開發帶來巨大貢獻。

【20加拿大元正面】

◎伊莉莎白二世 Elizebeth II(1926-)

1952年，登基為英國女王，是英國在位最久的君主。她同時也是大英國協的元首，包含加拿大在內，所以加拿大的新移民，都要宣誓效忠英國女王。迄今加拿大皇家衛隊和儀仗隊的服裝、禮儀仍與英國一模一樣。

右下為國會山和平塔(Peace Tower)。

【20加拿大元背面】

◎加拿大國家維米嶺
　紀念碑、罌粟花

維米嶺戰役(The Battle of Vimy Ridge)

第一次世界大戰中，歐洲西部戰線的一次戰役，加拿大為英國效力而參戰。這場戰役是是加拿大軍第一次獨立地參與戰役，全國各省份的加拿大軍人都有參與。

維米嶺是法國阿拉斯的山頭，戰略上很重要，英國和法國進攻德軍占領的維米嶺，都以慘痛失敗而告終。接下來進攻的加拿大軍團，以超過100萬發的砲彈，死傷1萬人的代價，得以控制整個維米嶺。1922年，法國政府把維米嶺周圍1平方公里領土送給加拿大，作為感謝。

右側鮮紅的罌粟花(Buddy Poppies)

11月11日是第一次世界大戰終戰日，因加拿大參戰，大戰時雙方激戰，盛開的白色罌粟花血染成紅，終戰後，民眾自動佩戴紅色的罌粟花以紀念第一次世界大戰和其他戰爭中死去的士兵和平民，並表達對和平的嚮往。

【50加拿大元正面】
◎威廉‧萊昂‧麥肯齊金 William Lyon Mackenzie King(1874-1950)
加拿大第十二、十四及十六任總理(1921-26, 1926-30, 1935-1950)。任期長達22年之久。
他帶領加拿大度過二戰，引進社會福利政策；推行兒童津貼，幫助窮困的家庭；通過法律條款，
賦予勞工工會以重要權力；以及首次推行養老金計畫。極力擺脫英國的政治影響，與美國建立友
好關係，使加拿大成長為獨立大國。
右下側是國會山東樓。

【50加拿大元背面】
◎加拿大身為北極圈國家的一員，積極參與北極事務，共同發展北極（有1/3領土在北極圈
　內）、並保護該區生態環境。
加拿大擁有世界最北的人類定居點埃爾斯米爾島，緯度高達82.5度，距北極點僅800公里，鈔票
上的破冰船兼北極科考船，係加拿大海岸警衛隊(CCGS)的阿蒙森號（阿蒙森是第一位到達南極
點的人）。此船冬季在聖勞倫斯灣和紐芬蘭破冰，夏季則運送貨物至加拿大北極社區。
背景是加拿大北極地區地圖、阿蒙森號、威廉。

【100加拿大元正面】

◎羅伯特‧博登 Sir Robert Borden(1854-1931)

加拿大第八任總理(1911-1920)，帶領加拿大人民渡過第一次世界大戰。

他主張以金援來維持大英帝國的皇家海軍，而非勞民傷財的創建一支海軍為殖民母國作戰。

長期致力於爭取對大英帝國的政策保有加拿大的發言權。曾致力於公務制度改革、電話和電報公有化、特惠貿易，反對經濟上依賴美國。強調加拿大在世界事務中的獨立性，為加拿大在國際聯盟中贏得單獨的席位。1919年代表加拿大出席巴黎和會，堅決採行不依附英國立場，以加拿大名義在凡爾賽條約單獨簽字，這是加拿大第一次以主權國地位在國際條約上簽字。

右下側是國會山東樓。

【100加拿大元背面】

◎中下方是一瓶胰島素，是紀念加拿大發明胰島素的醫學成就。

1922年之前，糖尿病是一種無法醫治的頑疾，有如現今的癌症。加拿大外科醫生班廷(Frederick Banting, 1891-1941)和助理貝斯特，發現狗胰臟的萃取液可以降低糖尿病狗的高血糖，以及改善其他的糖尿病症狀，製成一種可控制血糖的注射藥物，這就是現今被應用的人造胰島素。班廷後來獲得諾貝爾醫學獎，並被英皇喬治五世授予爵士頭銜。

一鈔
一世界

1. 現行加拿大鈔票是首次發行的全新塑膠鈔票，設計大方得體，除了比紙質鈔票壽命長了3-5倍、不易撕碎、具防水特點，並組合透明的全息條及其他先進安全元素。這種高科技形成的鈔票，很難仿造，迄目前為止，世界沒有類似的貨幣。

2. 檢視上一版鈔票，正面都是政治人物，和本版人物完全相同，背面則有所不同，主題是加拿大的旅程(Canadian Journey)。現行版主題則是先鋒者(Pioneers)。

上一版鈔票簡述如下：

5元是快樂的冬季運動：有滑雪、滑冰、打冰球，表現加國寒冷的冬天。

10元是維護和平：有持望遠鏡的女兵、飛翔的和平鴿、站崗的士兵、退伍軍人跟少年、罌粟花，以及「在弗蘭德戰場上」的詩句，展現加拿大在和平的貢獻。

20元是藝術之旅：表現加拿大的藝術和文化。畫面是土著藝術家雷德(Bill Reid)的四件作品。左下角是作家布里埃爾．羅伊女士法文小説《神祕的山巒》片段。

50元是國家建立：著名的五君子、贏得婦女投票權的卡絲格蘭、約翰．彼得斯．漢弗萊先生起草的《世界人權宣言》草案初稿。

100元是探索與創新：體現出加國的科學技術面──地質遙感技術。鈔票上印出德尚普蘭的新法蘭西草圖和加拿大衛星圖像。

首屆年度風雲鈔票

世界紙鈔協會(Internal Bank Note Society) 簡稱 IBNS，成立於1961年，該協會從2005年開始，每年對世界各國前一年發行的紙幣進行公開投票，以設計理念、防偽技術以及外觀圖案等要素，進行票選，選出「年度風雲鈔票」(Banknote of the year)，可說是紙幣界的奧斯卡。

首屆年度風雲鈔票就由加拿大2006年版20元鈔票獲得。背面是兩座木雕，它以精美圖案及現代防偽技術贏得桂冠。鈔票正面印有英國女王伊莉莎白二世肖像，人像雕刻精緻，將女王的威儀與慈祥表現得非常自然。

背面兩件作品都是加拿大雕刻家比爾‧雷德(1920-1998)的作品，左側是木雕〈烏鴉和人的誕生〉(Raven and The First Men)，右側是雕塑作品〈海達群島之精神〉(The Spirit of Haida Gwaii)。

〈海達群島之精神〉是相當大的雕塑作品，取材自原住民傳說，獨木舟上戴著帽、穿著斗篷的是位巫師，周圍坐著有關的動物和人類，象徵各種生物的相互依存和自然界的不可預測。

〈烏鴉和人的誕生〉也是源自海達傳說：有一天烏鴉在海灘發現一粒貝殼，貝殼裡有人類，牠半哄半騙人類離開貝殼出來和牠一起玩耍，這些人類就成為第一批海達人。

◎加拿大2006年版20元鈔票正面

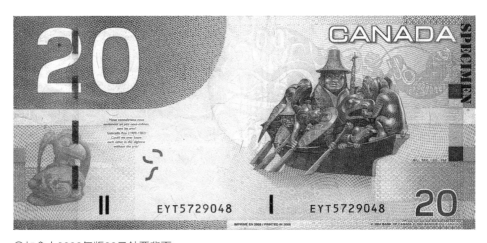

◎加拿大2006年版20元鈔票背面

3. 加拿大的鈔票，每一版都有它的主題，再推上上期，正面還是同樣的政治人物，而背面則為加拿大鳥版(Birds of Canada Series)，這就是加拿大鈔票的風格。

4. 精美的加拿大紀念鈔介紹(P.16)：

加拿大在建國150周年(1867-2017)發行一張紀念鈔，防偽功能強，且號稱史上最精美鈔票。

紀念鈔正面印著4位傑出政治家，自左而右是首屆總理麥克唐納(Sir John A. MacDonald,1815-1891)、聯邦之父卡迪耶(Sir George-Étienne Cartier,1814-1873)、第一位女議員麥克菲爾(Agnes Macphail,1890-1954)，以及第一位原住民參議員格萊斯通(James Gladstone,1887-1971)。

背面是加拿大最具代表的風景組合：（由左至右）

❶西部的山色湖景，以BC省的獅子峰及Capilano湖代表。

❷廣闊草原省分的大草原麥田。

❸覆蓋加拿大領土泰半的森林。

❹紐芬蘭省及拉不拉多省的東海岸，是歐洲人最早的聚居地。

❺鈔票右側背景是加拿大地盾(Shield)及森野牛(Wood Buffalo)國家公園的北極光。

◎美洲知更鳥(American Robin)

◎帶翠鳥(Belted Kingfisher)

◎鶚(Osprey)

◎北方大潛鳥
　(Great Nothern Diver)

◎雪鴞(Snowy Owl)

◎加拿大鵝(Canada Goose)

◎加拿大紀念鈔正面

◎加拿大紀念鈔背面

墨西哥 阿茲特克
Mexico

首都：墨西哥(Mexico)
面積：1,964,375平方公里
人口：133,181,000人
貨幣：墨西哥披索(MXN)　　1 USD ≒ 20.18 MXN

　　綠、白、紅三色旗是墨西哥獨立運動中領導人民戰鬥的旗幟，領導人皆是義大利後裔，獨立後以此三色為國旗色彩，這三色代表建國的三大保證：團結、宗教、獨立。中央的圖案是墨西哥國徽，有隻老鷹咬一隻蛇站在仙人掌上，是古代阿茲特克建國的故事。

　　墨西哥有「阿茲克特」之國稱號，阿茲克特人奉神諭指示，在此建立「眾神之都」王國。銀產量是世界第一，石油產量也居西半球前茅。NAFTA（北美自由貿易協定）使工業長足發展。過去多數人稱墨西哥為中美洲國家，但因NAFTA的簽訂，漸漸變成「北美國家」。墨西哥的首都也叫墨西哥，人口四千萬人。人口過度集中，致地層逐年下陷，嚐到都市過度開發的惡果。

【20墨西哥披索正面】

◎胡亞雷斯 Benito Juarez(1806-1872)

墨西哥第一位印地安土著總統及民族英雄，前後擔任五個總統任期。

頒布《改革法》，沒收天主教會財產，實行政教分離。擊退英、法、西三國聯軍，並粉碎法國在此地的傀儡帝國和改善印地安人生活，促進民族意識的高漲。領導墨西哥反抗拿破崙三世的侵略。興辦印地安人教育，進行自由主義的社會改革。

鈔票背景是象徵法律公平的天平，以及胡亞雷斯1859年頒布的《改革法》書本。

【20墨西哥披索背面】

◎世界文化遺產——阿爾班山考古遺址

西元前7世紀，古印地安人在這裡建城作為祭祀場所，修建墳墓、金字塔狀神殿等宏偉建築。墨西哥政府在此成立了瓦哈卡歷史中心(Historic Centre of Oaxaca)。

【50墨西哥披索正面 】

◎莫雷洛斯 Jose Maria Morelos(1765-1815)

墨西哥天主教神父，墨西哥獨立戰爭主要領導人之一。

1811年，獨立之父伊達爾戈(Hidalgo)被捕之後，他接替擔任獨立戰爭領導人。

1813年，召開獨立議會，誕生《阿帕欽甘憲法》宣布墨西哥脫離西班牙獨立。

1815年，被西班牙殖阿民當局拘捕，祕密處死。

鈔票背景是兩隻交叉的加農砲、弓箭和旗幟及赫赫有名的帝王斑蝶。

在墨西哥市郊，可以看到動輒數千萬隻帝王斑蝶大遷移的奇景。

【50墨西哥披索背面 】

◎位於米卻肯州(Michoacán)莫雷里亞城(Morelia)，為城市供水而設立，已有數百年歷史的高架渠
　及帝王斑蝶。

【100墨西哥披索正面】
◎尼薩烏亞爾科約特 Nezahualcoyotl(1402-1472)

經過一系列的擴張戰爭，阿茲特克(Aztec)帝國成為前哥倫布時期中美洲最強大的國家。

尼薩烏亞爾科約特是其中同盟國特斯科科(Texcoco)的國王(1431-1472)，被譽為阿茲特克人詩歌之王，創作的詩歌中有30首流存下來。他指導建造風格獨特的神廟，設計法律基礎上的權力劃分。

【100墨西哥披索背面】
◎墨西哥特斯科科湖的島上古都遺址──特諾奇提特蘭(Tenochtitlan)

特諾奇提特蘭

有一古老傳說：阿茲特克人往南到特斯科科湖，來到湖中央的島嶼時，看到一隻叼著蛇的老鷹停歇在仙人掌上，這個意像正是太陽神告知所要定居的地方，因而族人就在這裡建造城市特諾奇提特蘭，這是一座巨大的人工島。1345年起，阿茲特克人由此發展統治墨西哥。

【200墨西哥披索正面】

◎胡安娜‧伊內斯‧德拉克魯斯 Juana Ines de la Cruz(1651-1695)

十七世紀拉丁美洲最偉大的詩人，被譽為「墨西哥金鳳凰」。

早年成為總督夫人侍從女官，不久離開宮廷進入修道院。在修道院生活28年，在宗教職責之外，將大部分時間投入文學創作和科學研究，所在的聖耶羅米修道院成為當時墨西哥的文化中心。作品有詩集《唯一女詩人的繆斯洪流》、長詩《初夢》。

鈔票背景是她寫作的羽毛筆和詩集。

【200墨西哥披索背面】

◎胡安娜的故居，位於墨西哥城附近的小鎮阿梅卡美卡(Amecameca)。

【500墨西哥披索正面】

◎迭戈‧里韋拉 Diego Rivera(1886-1957)

墨西哥有名的壁畫家。妻子是墨西哥女畫家弗里達‧卡羅，兩人結婚兩次。主要貢獻是促進墨西
哥城壁畫復興運動，墨西哥城因此被稱為「壁畫之都」。他曾在墨西哥城、查賓戈、庫埃納瓦
卡、三藩市、底特律、紐約市等地畫壁畫。1952年，完成巨幅壁畫《戰爭的夢魘與和平的理想》。
背景就是他的油畫作品《人體與百合》(Nude with Calla Lilies)（現為私人收藏）、三隻畫筆、畫
板。

【500墨西哥披索背面】

◎弗里達‧卡羅 Frida Kahlo(1907-1954)

墨西哥女畫家。迭戈‧里韋拉的妻子。自畫像相當有特色，以她的一字眉和嘴唇上薄薄的髭聞
名。她的畫作是法國羅浮宮博物館收藏的第一幅墨西哥畫家作品。畫作的精神乃在全神貫注的集
中在公正的畫出女性題材與比喻。

背景　卡羅的油畫作品《愛的擁抱》(The Love Embrace of the Universe, the Earth)，現為古爾曼
(Gaeman)所收藏。

【1000墨西哥披索正面】

◎米格爾‧伊達爾戈‧科斯蒂利亞 Miguel Hidalgo Costilla(1753-1811)

墨西哥民族英雄，墨西哥獨立之父，是名神父，墨西哥出生的西班牙人。

背景是獨立鐘和杜洛斯‧伊達爾戈大教堂(Dolores Hidalgo Church)。

1810年9月16日，伊達爾戈召集大約600名信徒武裝起義，一路增加到近10萬人，直逼墨西哥城，和西班牙軍在城外交戰，兵敗被俘，壯烈犧牲。這一天被定為墨西哥獨立日。

【1000墨西哥披索背面】

◎墨西哥瓜納華托大學(University of Guanajuato)

左下側是一隻青蛙(Guanajuato)。

瓜納華托(Guanajuato)

當地土著語，意思是青蛙，當地土著認為此地只適合青蛙居住，建城後，青蛙成了這座城市的象徵。這座小城只有7萬餘人，大學生占了2萬多。瓜納華托大學也是墨西哥民族運動的推手，在獨立戰爭期間，大學圖書館散播了民族、自由、博愛的思想，至今仍影響甚鉅。

1. 墨西哥是美洲大陸印地安人古老文明中心之一。中南美洲的三大
古文明——馬雅古文明、印加古文明、阿茲特克。

阿茲特克人部落共同體的意識強烈,個人的存在是基於神的意
旨,因此每個人一生大同小異。沒有自由的思想和私有財富。阿
茲特克土地的擁有與管理是屬於部落而非個人,中央將土地分給
各部落,各部落酋長再分配給各家庭。 阿茲特克是多神教的部
族,相信靈魂永生和至高無上的主宰統治一切的觀念。對大自然
力量的敬畏,使他們崇拜對生存和耕種有利的自然神,如太陽
神、月神、雨神和玉米神等。以人作為犧牲來祭祀,認為祭祀時
最好的供品就是人的心臟。國王被當作神的化身。14-16世紀為極
盛時期。

附上1957年版1Peso正面:阿茲特克日曆石(Aztec calendar
stone)。它作為神殿「割心」的祭壇,石盤中央是太陽神托納提
鳥,祂的頭正等待吞食心臟,最外圍是創世神,化身雙頭蛇,保
護世界。阿茲特克人認為每一天都由特別的神保祐,要不斷獻祭
活心臟,才能延緩世界末日來到。此石現藏於人類學博物館。

2. 墨西哥鈔票上，正面都是政治家、詩人、畫家等名人。背面為重
　　要建築及古蹟。2007年發行的100Pesos 塑膠紀念鈔被用來紀念
　　墨西哥革命對建國的重要性。

墨西哥革命

　　指的是1910至1920年墨西哥各派系之間的長期流血鬥爭，最後建
　　立立憲共和國才告終。革命後由墨西哥革命制度黨長期執政。

【墨西哥革命百周年紀念鈔正面】
◎鈔票印上裝載革命隊伍的火車頭，代表1910年武裝運動的開始，背景是墨西
　哥民間舞蹈、左側透明視窗是一支玉米、右側背景是玉米地。

【墨西哥革命百周年紀念鈔背面】
◎《墨西哥革命》壁畫，一幅反對獨裁統治者迪亞斯革命運動的壁畫。

美國
USA
自由強國

首都：華盛頓(Washington)
面積：9,833,517平方公里
人口：330,282,000人
貨幣：美元

左上角有五十顆星星，代表美國現在擁有五十個州，每增一州就加一星；紅白相間的橫條有十三條，代表美國最初擁有十三個州；紅色象徵勇氣；藍色象徵堅韌不拔；白色象徵正義。美國國旗又稱「星條旗」。美國已成世界第一強國。

美國是民族大融爐，人口組成是西北歐白人74％、西班牙裔10％。清教徒帶來平等與自由觀念，西部拓荒者形成冒險與嘗試精神，這些共同形塑了美國人的性格特徵。

美利堅合眾國(U.S.A.)，簡稱為美國，是由五十個州、華盛頓哥倫比亞特區、五個自治領土和外島共同組成的聯邦共和國。

　　美國是由大英帝國十三殖民地做為基礎建立起來。

　　1776年，簽署《獨立宣言》。

　　1788年，喬治‧華盛頓當選為美國第一任總統。

　　1861-1865年，因奴隸制度，爆發南北戰爭。

　　1870年代，美國成為世界最大經濟體，美國僅占全世界4.4%人口，貢獻世界1/4生產總值，以及1/3全球軍事開支，在經濟和軍事上處於全世界最重要的地位。

【1美元正面】

◎喬治‧華盛頓 George Washington(1732-1799)

1775年至1783年，美國獨立戰爭時任大陸軍總司令。

1776年，主導《獨立宣言》發布，《獨立宣言》為北美洲十三個英屬殖民地宣告自大不列顛王國獨立。

1787年，主持制憲會議，制定出現在實施的美國憲法。

1789年，成為美國第一任總統，連任兩屆直到1797年。

華盛頓扮演美國獨立戰爭和建國中最重要的角色，被尊稱為「美國國父」。

【1美元背面】

Great Seal of US（美國國璽正面）

右側是象徵美國政府力量與權威的國璽，銅質製造，用來確認重要的文件。

鷲鷹胸部十三條直線代表原先國會控制的十三州聯邦。

鷲鷹右爪抓著象徵和平的橄欖樹枝，左爪抓著十三隻箭，意味著十三州備戰於萬一。

左側是立國金字塔及上帝之眼，下方寫著1776年獨立的羅馬數字。

【2美元正面】
◎湯瑪斯·傑弗遜 Thomas Jefferson(1743 -1826)
美國第三任總統(1801-1809)，《獨立宣言》主要起草人，創立民主共和黨（今日民主黨之前身）。1819年創建維吉尼亞大學。
他一生所代表的自由思想，不僅是美國的立國之本，而且被世界廣泛採用。

【2美元背面】
◎背景是大陸會議發表《獨立宣言》情景

《獨立宣言》

實際的起草工作由湯瑪斯·傑佛遜負責。
1776年7月4日《獨立宣言》獲得通過，並分送十三州的議會簽署及批准。
《獨立宣言》包括三個部分：
第一部分闡明政治哲學——民主與自由的哲學，內容深刻動人；
第二部分列舉若干具體的不平事例，以證明喬治三世破壞了美國的自由；
第三部分鄭重宣布獨立，並宣誓支持該項宣言。

【5美元正面】

◎亞伯拉罕‧林肯 Abraham Lincoln(1809-1865)

第十六任美國總統，1861年就任，直至1865年4月遇刺身亡。領導美國中央政府在南北戰爭中獲勝，維護聯邦的完整，增強聯邦政府權力，廢除奴隸制，推動經濟現代化。1860年選舉中，在南部沒有得到任何支持，但卻橫掃北部，當選總統。他的當選導致美國七個南部蓄奴州獨立，脫離聯邦而建立美利堅聯盟國。初期他用勸說的態度，但在奴隸制問題不存在任何讓步或和解的空間，為此林肯決定南下攻打聯盟國，解放奴隸並統一美國。

【5美元背面】

◎林肯紀念館

為紀念美國總統亞伯拉罕‧林肯而設立的紀念堂，位於華盛頓哥倫比亞特區西波托馬克公園。是一座仿古希臘巴特農神廟式的大理石構建的古典建築。紀念堂正中是一座大理石製林肯坐像，由雕塑家丹尼爾設計雕刻。雕像後上方的題詞是「林肯將永垂不朽，永存人民心裡」。

【10美元正面】

◎亞歷山大‧漢密爾頓　Alexander Hamilton(1755-1804)

美國憲法起草人之一與第一任美國財政部長。

他重視個人財產，認為私人財產神聖不可侵犯，所實行的政策，使美國富強壯大。

美國新政府成立之初，幫忙解決四件事：戰爭債務，國家銀行，人權法案和首都永久地址。主張由聯邦政府建立一個國家銀行，並創建了美國聯邦儲備系統的前身──合眾國第一銀行。

【2美元背面】

◎美國財政部大樓

1789年建立的財政大樓。首任美國財政部長亞歷山大‧漢密爾頓銅像立於大樓前。

【20美元正面】

◎安德魯‧傑克遜 Andrew Jackson(1767-1845)

第七任美國總統，在美國總統群中，是最後一位曾參與獨立戰爭者。1815年安德魯‧傑克遜將軍保衛新奧爾良，英軍進攻遭傑克遜率軍擊退，擊斃英軍指揮官，英方死亡三百人，一千多人受傷，美方死傷個位數。這場勝利，使傑克遜成為全國英雄。

1829-1837年任美國總統，任內簽署印地安人遷移法案 ，否決展延合眾國第二銀行，及判定特許權不能繼續展期。

【20美元背面】

◎白宮

自1800年美國第二任總統約翰‧亞當斯入住以來，就是美國歷任總統在位時的居所，當時稱為「總統大廈」、「總統之宮」，是新古典建築。

1814年，第二次美英戰爭，英國陸軍攻占美國首都華盛頓特區，焚燒總統官邸，詹姆斯‧麥迪遜總統逃亡到維吉尼亞，史稱「華盛頓大火」。白宮被燒，戰後為了掩飾火燒過的痕跡，門羅總統下令在灰色沙石上塗畫白色油漆，「白宮」由此得名。

【50美元正面】

◎尤利西斯‧格蘭特 Ulysses S.Grant(1822-1885)

1864年，被任命為南北戰爭聯邦軍總司令。

1865年，接受南軍李將軍投降，長達四年的南北戰爭結束。

1868年，成功當選美國總統，1872年成功連任。

南北戰爭是美國唯一的內戰，真正的美國，從這場內戰中誕生。

總統傑克遜和格蘭特，皆由戰爭成就輝煌人生。　內戰成就格蘭特，格蘭特改變內戰。

【50美元背面】

◎美國國會大廈(United States Capitol)

別稱國會山莊，是美國國會所在地。國會大廈是美國政治象徵。

北翼是美國參議院，南翼是美國眾議院。以白色大理石及白色砂岩為主建築。

【100美元正面】

◎班傑明・佛蘭克林 Benjamin Franklin(1706-1790)

參與修改美國憲法的會議，成為唯一同時簽署美國三項最重要法案文件（《獨立宣言》、《巴黎條約》、《美國憲法》）的建國先賢。

美國第一任駐法國大使。是位科學家，發現電、發明避雷針。他的思想對美國文化有深遠的影響，被譽為「第一位美國人」。背景是《獨立宣言》的節選。

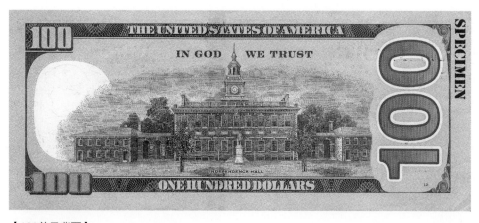

【100美元背面】

◎費城獨立廳(Independence Hall)

《美國憲法》在此地制定。1790到1800年作為美國首都。

一鈔一世界

美國鈔票正面都是歷史政治人物；背面為政治建築，顏色均為綠色，尺寸大小相同。新版鈔票人頭較大，便於防偽。曾發行過巨鈔5000、10000、100000，用於銀行內部作業，現已不發行。

以下鈔票為「金箔觀賞鈔」。

【2美元正面】
◎詹姆斯‧麥迪遜 James Madison(1751-1836)
美國第四任總統(1809-1817)。帶領美國第二次獨立戰爭，向英國宣戰，意圖吞併加拿大省。

【2美元背面】
◎薩蒙‧波特蘭‧蔡斯 Salon P. Chase(1808-1873)
美國財政部長(1861-1864)，負責印製有頭像的紙幣。

◎伍德羅‧威爾遜 Woodrow Wilson(1856 -1924)

美國第二十八任總統。一戰期間，領導美國參戰。1919年，總統卸任後，因宣導國際聯盟而獲得諾貝爾國際和平獎。曾獲霍普金斯大學政治博士學位，是美國學術地位最高的總統。

第二篇 中美洲 Central America

- 十五世紀末，西班牙國王要求探險家描述中美洲的地形、地貌，他就拿起一張紙揉成一團再鬆開，呈現在國王面前說：「中美洲的樣子就是如此！」

- 中美洲包括中美陸塊及中美群島兩個部分

  1. 中美陸塊係銜接南北美洲，政治上分屬墨西哥及中美地峽七國，但墨西哥在經濟地理已屬北美洲，本篇僅就地峽七國論述。這裡曾出現眾多的馬雅古文明，經濟以農業為主，以生產咖啡、香蕉、棉花著稱。

  2. 中美群島由1,200個島嶼或環礁組成，分散在加勒比海，又稱西印度群島，由北向南又分：

     (1)以珊瑚礁島為主的巴哈馬群島。

     (2)以大陸島為主的大安地列斯群島，如古巴、牙買加、海地及多明尼加。

     (3)以火山島為主的小安地列斯群島，如千里達、巴貝多等小國。

     在此加勒比海地區有雨林、火山、珊瑚礁、豔陽及豐富殖民色彩，吸引為數甚多觀光遊客。

- 中美洲是馬雅古文明的根據地；「馬雅文化」涵蓋墨西哥、瓜地馬拉、宏都拉斯、薩爾瓦多與貝里斯等國家。馬雅人用原始工具創造高度文明，在天文、曆法、數學、藝術、建築的表現令人驚訝。舉世最大的馬雅遺跡「蒂卡爾」、馬雅藝術巔峰「科潘」都值得人們一再造訪。

- 中美洲篇鈔票出場序以國名英文字母排列如下：

  1. 以安地卡及巴布達（Antigua and Barbuda）為首的東加勒比
  2. 巴哈馬（Bahamas）
  3. 巴貝多（Barbados）
  4. 貝里斯（Belize）
  5. 哥斯大黎加（Costa Rica）
  6. 古巴（Cuba）
  7. 多明尼加（Dominic）
  8. 薩爾瓦多（El Salvador）
  9. 瓜地馬拉（Guatemala）
  10. 海地（Haiti）
  11. 宏都拉斯（Honduras）
  12. 牙買加（Jamaica）
  13. 尼加拉瓜（Nicaragua）
  14. 巴拿馬（Panama）
  15. 千里達（Trinidad）

中美洲

東加勒比 小安地列

　　東加勒比國家組織(Organization of Eastern Caribbean States, 簡稱OECS)現有九個成員國，包括安地卡及巴布達、多明尼克、格瑞那達、蒙特塞拉特、聖克里斯多夫與尼維斯、聖露西亞、聖文森及格瑞那丁等七個正式成員和安圭拉（英國殖民地，尚未獨立）、英屬維京群島二個非正式成員。九個國家和地區的總面積為3,000多平方公里。祕書處設在聖露西亞首都卡斯翠，成立的目的就是使本地區在國際事務上能發揮更大的作用，來維護本地區成員國的利益。

　　這個組織使用同一種法定貨幣東加勒比元。東加勒比中央銀行總部設在聖克里斯多夫與尼維斯。成員國都是加勒比地區最小國家，九個成員的總人口不足60萬人，各國單獨對外的力量有限。OECS各成員國的公民只要有任何帶照片的證件就可以赴另外的成員國自由旅行。

　　該組織設有東加勒比電信局、東加勒比民航管理處、東加勒比高級法院。現成員國不設軍隊，而是共同建立一支維和部隊，在附近的島國巴貝多訓練。（非獨立國家不予解說）

安地卡及巴布達
(Antigua and Barbuda)

首都：聖約翰(St. John's)
面積：443平方公里
人口：95,200人

國旗的黑色、白色分別象徵國民中多數的非洲人種和少數英國人；藍色表示加勒比海和大西洋；紅色V字形象徵勝利和希望；黃色的太陽自海上升起，代表國運昌隆。

　　位於加勒比海小安地列斯群島的北部。國民絕大多數為非洲黑人後裔。早期生產甘蔗，現在以裝配和製造業為主，積極發展境外金融(OBU)。因每年舉辦世界性之網球與高爾夫球大賽而聞名。由於擁有數百處天然優質海灘，每年吸引全球大量遊客前往度假。

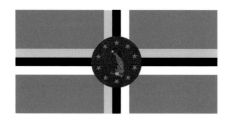

多明尼克(Dominica)

首都：羅索(Roseau)
面積：751平方公里
人口：73,200人

1493年，哥倫布第二次航行美洲登上該島時正值星期日，於是將其命名為「多明尼克」，義大利語就是「星期日」。

三色十字表示基督教的「聖三位一體」，三位一體的黃、黑、白代表印地安人、黑人及白人；底色綠色是森林與農業；中是鸚鵡，是多明尼克的國鳥；十顆五稜星代表十個行政區。

格瑞那達(Grenada)

首都：聖喬治(St. George's)
面積：344平方公里
人口：108,400人

國旗上有七顆五角星，代表七個地域；綠色象徵土地與農業；紅色象徵勇氣和熱情；黃色象徵陽光與土地。國旗繪上肉蔻種子，格瑞那達之法文就是肉蔻，所以有「香料之島」美稱。

農業和旅遊業是經濟的基礎，主要農產品肉豆蔻產量約占世界總產量的三分之一，僅次於印尼而居世界第二位。

蒙特塞拉特(Montserrat)

首都：普利茅斯(法定)，布萊茲(實際)
面積：102平方公里
人口：5,200人

旗幟以英國政府船旗為底，右方放置紋章，紋章中的女人為愛爾蘭女性的化身；金色的豎琴為愛爾蘭的另外一個象徵；十字架代表基督教，這反映了殖民地的愛爾蘭血統。

聖克里斯多夫與尼維斯 (Federation of Saint Kitts and Nevis)

首都：巴士地(Basseterre)
面積：261平方公里
人口：57,100人

國旗上的綠色是國土和農業的象徵；黑色象徵國民；黃色反映富足的天然環境；紅色代表獨立；兩顆明亮的白星象徵希望與自由，也代表由兩個島所組成的國家。

1493年，哥倫布在第二次航海中登上聖克里斯多夫島，以自己的守護聖人聖克里斯多夫命名該島。並且發現尼維斯島，命名則是源自西班牙文裡的「雪」(Nieves)，因該島狀似一座山頂頂著皚皚白雪的山頭。兩個主要島嶼均為火山島。農業以甘蔗和棉花種植為主。

為東加勒比海國家組織(OECS)最富有國家，並為加勒比海地區十個國家當中第三富有國家，僅次於巴哈馬及千里達。觀光、農業及輕工業主宰克國經濟繁榮成長。

聖露西亞(Saint Lucia)

首都：卡斯翠(Castries)
面積：616平方公里
人口：190,600人

國旗的藍色旗底象徵大西洋和加勒比海，中央的三角形象徵火山島的國土，黃色象徵陽光及黃金海岸，黑色和白色象徵黑、白人種，兩種文化相互協助，為國奮鬥。

是東加勒比海鄰近大西洋的島國。屬於小安地列斯群島的一部分。

主要出口產品為香蕉、紡織品、椰子油製品、可可、蔬菜。

聖文森及格瑞那丁(Saint Vincent and the Grenadines)

首都：京斯敦(Kingstown)
面積：389平方公里
人口：109,600人

國旗藍色是天空和加勒比海；黃色是國土及陽光；綠色象徵豐盛的農業。中間三個菱形是三個主要島嶼，稱為「綠色寶石」，排成V字形是聖文森第一個字母。

由聖文森(St. Vincent)本島及格瑞那丁(Grenadines)群島所組成，聖文森島本身為火山島。世界「葛粉」最大生產國。

東加勒比元XCD（符號：$）

中美洲加勒比海地區的數個前英國殖民地國家與英國殖民地所通用的貨幣。

使用國家地區包括安圭拉、安地卡及巴布達、多明尼克、格瑞那達、蒙特塞拉特、聖克里斯多夫及尼維斯、聖露西亞和聖文森及格瑞那丁。

紙幣面額有5、10、20、50、100元。貨幣是固定匯率。

1美元=2.688東加勒比元

【東加勒比元各種面額鈔票正面】

◎英國女王伊莉莎白二世 Elizabeth II(1926 -)

鈔票$5/$10/$20/$50/$100正面背景中央有海龜，海龜具有迴遊習性，因對其出生地有高度的忠誠度，而且能「記憶」其出生地之某些特性，每隔數年得以回到其出生地去產卵。右上是綠喉蜂鳥，上側是安地卡的央行。

【5東加勒比元背面】

◎左側是安地卡及巴布達的海軍司令部博物館〔裡面展示英國海軍上將納爾遜(Horatio Nelson)生
　前使用物品〕，中為東加勒比地圖，右側是多明尼克的特拉法爾加瀑布(Trafalgar Falls)。特拉
　法爾加瀑布由2條瀑布組成，分別叫做「老爸瀑布」(Father Waterfalls)和「老媽瀑布」(Mother
　Waterfalls)。

【10東加勒比元背面】

◎背景是聖文森的皇家海軍灣(Admiralty Bay)、安圭拉的厭戰號帆船(Warspite)、褐鵜鶘及熱帶
　魚。中間是東加勒比海諸國之地圖。

厭戰號帆船(Warspite)是安圭拉最著名的木質鋼殼帆船。75英呎長，建於1902年，幾十年來被認
為是西印度最快最好的商船。褐鵜鶘鳥身體呈褐色，會從空中插入水中覓食。 主食魚類、兩棲
類及甲殼類。鳥群會以單排遷徙，並在近水面上低飛。

【20東加勒比元背面】

◎左側是蒙特塞拉特山的總督府，建於1750年。右側是格瑞那達的肉蔻（格瑞那達被稱為香料之島）。格瑞那達出產香料，如肉蔻、桂香、丁香和可可豆，都是當地著名的產品。

【50東加勒比元背面】

◎左側是硫磺山要塞國家公園(Brimstone Hill Fortress National Park)

硫磺山要塞國家公園是由英國的軍事工程師設計、非洲奴隸建造和維護。這是在美洲保存最完好的歷史防禦工事之一，1999年 被宣布為世界遺產。

右側是皮頓山國家公園(Morne Trois Pitons National Park)，這些原始雙胞胎山峰高達2,000英呎，是聖露西亞最著名的地標。飛翔的鳥叫烏領燕鷗(Sooty Term)。

【100東加勒比元背面】
◎路易斯爵士(1915-1991)和東加勒比中央銀行大樓，背景是東加勒比地圖、安島雨燕及熱帶魚。

威廉‧亞瑟‧路易斯

聖露西亞經濟學家、1979年諾貝爾經濟學獎得主。威廉‧阿瑟‧路易斯爵士因為在發展經濟學上的貢獻而聞名，與西奧多‧舒爾茨一同獲得諾貝爾經濟學獎，是至今唯一拿到諾貝爾科學研究獎項的黑人。他提出路易斯拐點論文，形容農村廉價勞動力被經濟增長全部吸納後，工資會顯著上升。用這套理論顯示工業化與城市化進程是解決農村貧困問題的最佳途經。他也曾任聯合國不發達國家專家小組成員及迦納經濟顧問、聯合國特別基金代理人、加勒比海區開發銀行總裁，在經濟理論及實務皆有重大貢獻。

一鈔
一世界

1. 加勒比元是在加勒比海曾經被英國統治過的小島，稱之為「小安地列斯」群島所組成的一個貨幣共同體，都是發展中國家，經濟以農業和旅遊業為主，人均年收入均在4,000-12,000美元之間。成員國有九國：安地卡及巴布達（A）、多明尼克（D）、格瑞那達 （G）、蒙特塞拉特（M）、聖克里斯多夫及尼維斯 （K）、聖露西亞（L）、聖文森及格瑞那丁 （V），只有準成員資格的安圭拉（U）和英屬維京群島。祕書處設在聖露西亞首都卡斯特里。紙幣面額有5、10、20、50、100元，紙幣編號各國不同。東加勒比國家組織成員，只有在英屬維京群島使用美元。

2. 在小安地列斯群島中的一島國——安地卡及巴布達，1981年11月10日獨立，為慶祝國家新生，特意發行一套金箔紀念鈔，以24K金箔鑄成，面值均為30元，正面中間是英吉利港，左右側是國徽及英女王伊莉莎白二世，背面是當地動植物圖像。鈔票材質以紙鈔為主，近年塑膠鈔日益增加，但極少以金箔製鈔。金箔鈔光芒耀眼，尊貴出眾，加上鑄造精美，凹凸分明，常成為不可或缺的收藏，但以金箔為材質，對防偽技術有所限制，且金鈔呈現單調感，由於反光，照相效果不佳。以下附上金箔鈔。

◎正面安地卡及巴布達——英吉利港(English Habour)

◎背面綠海龜(Green Turtle)

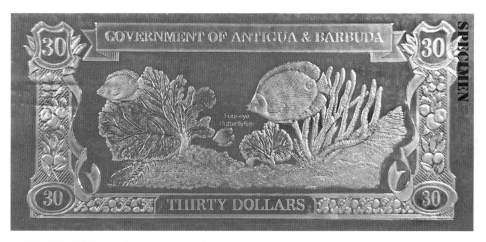

◎背面額斑刺蝶魚(Four-Eye Butterflyfish)

巴哈馬 天堂島國
Bahamas

首都：拿索(Nassau)
面積：13,880平方公里
人口：408,200人
貨幣：巴哈馬元(BSD)　　1 USD = 1 BSD

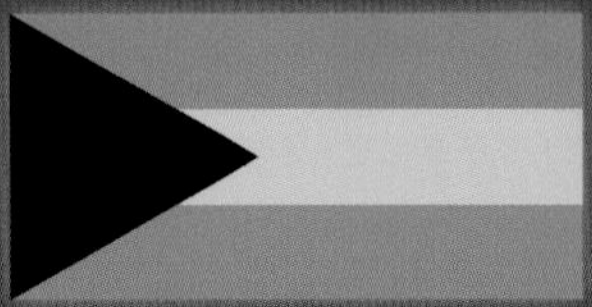

上下兩道藍色寬條象徵加勒比海，中間黃色寬條代表黃金海岸，黑色象徵黑人人種，三角形是人民團結的力量。

巴哈馬（當地語是「淺環礁」之意）是加勒比海富裕島國，旅遊業及金融業是最重要產業，此外也是國際轉運中心，人民享有良好的教育及醫療水準。被評為世界最快樂的國家之一。

巴哈馬有「加勒比蘇黎世」美稱，還以雄踞人均奧運獎牌榜的首位（每15萬人擁有一塊奧運獎牌）而享譽國際體育界。

【1/2巴哈馬元正面】

◎英國女王伊莉莎白二世 Elizabeth II(1926-)

【1/2巴哈馬元背面】

◎首都拿索市場　最右側是國徽（每張背面均有）

世界著名的拿索稻稈市場，是巴哈馬家庭手工工藝品、禮品、紀念品和購物中心。

巴哈馬人將稻草作成各種裝飾用品、藝術品。

【1巴哈馬元正面】

◎林登・平德林 Lynden Pindling(1930-2000)

巴哈馬總理，「民族之父」。1973年, 因他的推動，巴哈馬從英國獨立，並加入大英國協。1967至1969年，成為巴哈馬群島殖民地第一位黑人總理。

左側是巴哈馬群島之地圖。

【1巴哈馬元背面】

◎皇家巴哈馬警察樂隊，在巴哈馬的重要國家慶典都會看到他們精彩的表演。

【5巴哈馬元正面】
◎華萊士‧維特菲爾德 Cecil Wallace Whitfield(1930-1990)
巴哈馬政治家、前教育部長、自由民族運動的創始人和長期領導人。

【5巴哈馬元背面】
◎ Junkandoo 舞蹈
一種慶祝的嘉年華，是音樂會、文化表演和街頭遊行的總集合，是巴哈馬文化遺產，是一個史詩季節的集合，源自17世紀非洲奴隸的自娛。

【10巴哈馬元正面】
◎史丹佛・沙德 Stafford Sands(1913-1972)
律師、議員、財政及旅遊部長。幫助創建巴哈馬
旅遊業,並被認為是巴哈馬戰後繁榮的建築師,
被稱為「旅遊之父」

【10巴哈馬元背面】
◎阿巴科群島埃爾博島的希望鎮燈塔
埃爾博島(Elbow Cay)位在巴哈馬的阿巴科群島,
島上經濟以旅遊業為主,居民還從事捕魚、造船
和打撈。島上的希望鎮(霍普敦Hope Town)有
個著名的紅色和白色條紋的燈塔。
右下側是國鳥紅鶴,是民族的象徵。

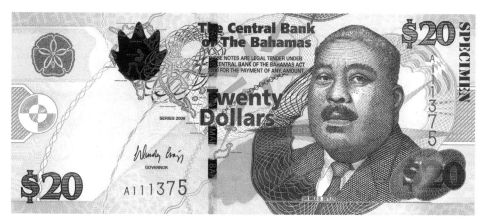

【20巴哈馬元正面】

◎米洛‧博頓‧巴特勒爵士 Milo Boughton Butler(1906-1979)

巴哈馬第一任總督(1973-1979)，曾任衛生、福利、勞動部長。

【20巴哈馬元背面】

◎巴哈馬首都拿索港(Nassau)

該國的第一大城市和商業、文化中心，也是海泳和衝浪的首選勝地。

【50巴哈馬元正面】

◎羅蘭‧西奧多‧賽莫特爵士 Roland T. Symonette(1898-1980)

1964年出任巴哈馬首任總理，聯合巴哈馬黨(UBP)的領導人。

早期是位學校老師，後來憑藉朗姆酒的利潤，投資房地產，酒類商店，最終成為富商。

【50巴哈馬元背面】

◎巴哈馬拿騷的中央銀行大樓(The Central Bank of The Bahamas)

【100巴哈馬元正面】
◎伊莉莎白二世 Elizabeth II(1926-)

【100巴哈馬元背面】
◎背面 旗魚（馬林魚）
底部中心是巴哈馬聯邦的徽章。
巴哈馬水產資源豐富，盛產馬林魚和龍蝦。
海明威當年在巴哈馬海釣旗魚，引發的靈感，寫出小說《老人與海》。
旗魚又稱「馬林魚」，頭尖嘴尖，上顎發達像長矛，這就是旗魚的主要特徵。
旗魚是掠食性的兇猛魚類，以炸彈魚為主要食物，尾鰭作推進器，是世界上游得最快的魚，時速
可達100公里以上。

1. 巴哈馬鈔票正面是重要政治人物，背面是島嶼特色。使用Aotive安全線及光彩光變色油墨，提高防偽措施。1/2元已列輔幣，僅供參閱。

2. 巴哈馬是哥倫布在1492年發現新大陸第一個登陸的地方，1992年屆滿500年，為紀念此一盛事，特別發行《哥倫布登陸美洲500周年紀念鈔》，值得收藏。現島上有哥倫布第一次登陸紀念碑，登陸後25年內，西班牙人將島上原住民全虜獲至海地島做苦役，巴哈馬無人煙達100年之久。俟17世紀後期英國殖民此地，不斷販入黑奴。1782年確認巴哈馬為英國所屬。

【哥倫布登陸美洲500周年紀念鈔正面】

◎克里斯托夫·哥倫布 Christopher Columbus(1451-1506)
1492年8月3日，受西班牙國王派遣，率領尼尼亞號、平塔號和旗艦聖瑪利亞號三艘帆船，從西班牙巴羅斯港揚帆出大西洋，直向正西航去。經七十晝夜的艱苦航行。
1492年10月12日凌晨終於發現了陸地。哥倫布以為到達了印度，後來知道，哥倫布登上的土地就是巴哈馬群島，當時命名為聖薩爾瓦多。

【哥倫布登陸美洲500周年紀念鈔背面】

◎右側是哥倫布所帶領的三艘帆船　尼尼亞號(Nina)、平塔號(Pinta)和旗艦聖瑪利亞號(St.Maria)；以及標有聖薩爾瓦多島（登陸地點）的中美洲地圖；巴哈馬國徽。
左側是巴哈馬群島三種珍稀物種──巴哈馬岩石鬣蜥(Bahamian Iguana)、古巴亞馬遜鸚鵡(Cuban Amazon Parrot)、美洲火烈鳥(American Flamingo)（國鳥）。

巴貝多 Barbados

境外金融（中國譯名：巴巴多斯）

首都：橋鎮(Bridgetown)
面積：431平方公里
人口：287,600人
貨幣：巴貝多元(BBD)　　1 USD = 2 BBD

國旗的藍色代表浩瀚的大西洋和廣闊的加勒比海，金黃色顯示巴貝多色彩的金色國土，黑色三叉戟（希臘海神波賽頓Poseidon手執武器）圖案表示忠心捍衛國家。

巴貝多是東加勒比海島國，人民以非裔為主，經濟控制在少數白人手中，旅遊、製造（水泥、農業加工）、農業（甘蔗）為三大支柱，近期亦發展金融服務業。

1966年獨立，是大英國協成員，是加勒比海最發達的國家，被易遊網(ez Travel)選為全球十大奢華島嶼之首。

【2巴貝多元正面】

◎約翰‧萊德曼‧鮑威爾 John Redman Bovell(1855-1928)

巴貝多農學家,對巴貝多甘蔗的研究有重大的貢獻。

鮑威爾在巴貝多建立遺傳基因實驗室,對不同種類的甘蔗品種自費進行實驗、研究,最後研發成果使加勒比海地區甘蔗的供應量大大增加,巴貝多成為甘蔗的出口國。

令人印象深刻的是,此人很像影星劉德華老年的面貌,像嗎?

【2巴貝多元背面】

◎摩根路易士風車

此為巴貝多的榨糖風車設備,運用風車轉動發電,用來榨出甜糖。直到1947年,巴貝多才停止所有風車的碾磨使用。

1996年被世界文化遺產基金會列入守護計畫中。

【5巴貝多元正面】

◎弗蘭克‧沃雷爾 Frank Worrell(1924-1967)

有名的黑人板球隊長，領導西印度群島板球隊，打破在西印度板球界的顏色障礙（黑人不擅打板球）。在加勒比海區及大英國協征戰多次國際板球比賽，有極傑出成績。

離開專業板球後，成為牙買加參議員，支持加勒比各國之間更密切的政治聯盟。

【5巴貝多元背面】

◎西印度群島大學(University of the West Indies)凱夫希爾校區內的3WS橢圓形板球館。

它是當年沃雷爾服務和培育人才的地方。

對西印度群島來説，板球文化就是國民文化，此地板球文化甚至建構出國家認同。

板球盛行於大英國協，起源自英格蘭，卻風靡全世界。

在昔日大英帝國時期，流傳到澳洲、印度、巴基斯坦、南非和加勒比海地區，至今在這些國家仍極受歡迎。

【10巴貝多元正面】
◎查理斯‧鄧肯‧奧尼爾 Charles Duncan O'Neal(1879-1936)

巴貝多醫生、政治人物。

因為他是醫生，在島上社會中具有高度的社會和專業地位。後來從事政治，努力改善婦女在工作
場合的不合理待遇。

【10巴貝多元背面】
◎奧尼爾橋梁，首都橋鎮(Bridgetown)兩個主要橋梁之一。

紀念奧尼爾的大橋。

【20巴貝多元正面】

◎沙繆爾‧傑克曼‧普萊斯考德 Samuel Jackman Prescod(1806-1871)

著名的國會議員，努力促成有色人種的自由並且鼓吹解放奴隸。

第一個非洲後裔進入巴貝多議會。

1831年，因普萊斯考德的推動，通過新法案，允許有色人民享有與白人一樣的投票權。

【20巴貝多元背面】

◎首都的國會大廈，普萊斯考德曾在此問政。

【50巴貝多元正面】
◎埃羅爾‧巴羅 Errol Barrow(1920-1987)
加勒比政治家，1961到1966年，擔任巴貝多總理，領導國家從英國獨立。發展工業、旅遊業，減少對糖的依賴，引進國民健康保險和社會保障。

【50巴貝多元背面】
◎豎立著巴貝多總理埃羅爾‧巴羅塑像的獨立廣場(Independence Square)

【100巴貝多元正面】

◎格蘭特利‧亞當斯 Grantley Adams(1898-1971)

巴貝多和英屬西印度的政治家。 巴貝多工黨創始人。

1941到1954年擔任巴貝多總理，設立許多進步的社會計畫，對教育法案及現代化系統的改進有傑出的貢獻。

【100巴貝多元背面】

◎格蘭特利‧亞當斯國際機場(Grantley Adams International Airport)

以總理格蘭特利‧亞當斯命名的國際機場，是巴貝多唯一的機場。

1. 巴貝多是位於加勒比海與大西洋邊界的獨立角嶼國家，島小人稠。在鈔票正面上皆是該國名人，有科技、運動、政治傑出人士，而鈔票之背面是與正面人士息息相關之場所。新版色彩豔麗，更具現代感。

2. 2元上之人物酷似港星劉德華，他是甘蔗改良專家。巴貝多的製糖業是全國最大產業部門，是世界聞名的「甘蔗之國」，每年七月初甘蔗收割完畢，人們會敲響銅鑼，伴著宏亮歌聲，歡慶一年一度盛大的「甘蔗節」活動。

3. 5元上之人物為巴貝多板球名將，板球運動盛行於大英國協及加勒比海地區，由國際板球協會(ICC)主導的世界杯板球賽(ICC Cricket World Cup)與奧運會、世界杯足球賽並列世界體壇三大盛事。巴貝多近年積極發展旅遊業及離岸金融(OBU)。

貝里斯
Belize

海底堡礁（中國譯名：伯利茲）

首都： 貝爾莫潘(Belmopan)
面積： 22,966平方公里
人口： 387,800人
貨幣： 貝里斯元(BZD)　　1 USD = 2 BZD

國旗的藍底象徵遼闊的藍天和浩瀚的海洋，上下之紅色象徵勝利與國土完整。徽章有伐木工及划船郎，代表林業及漁業，中間是大葉桃花心木，底部寫著拉丁文「與森林共榮」，並圍繞著二十五對橄欖枝葉，象徵和平。

貝里斯舊稱英屬宏都拉斯，1981年脫離英國獨立，而貝里斯之名來自該國的河流貝里斯河及最大的城市貝里斯市，該市曾為貝里斯首都。

貝里斯是臨加勒比海的小國家，是中美洲唯一以英文為官方語言的國家，有「民族熔爐」之國的稱號。擁有美麗加勒比海風光及豐富的天然叢林，卻因政治動亂而貧窮。原本居民是馬雅人，殖民時期引進大量黑奴，現今大部分人口是非裔。經濟以農業為主，主要作物是甘蔗、玉米、可可等，工業不發達，旅遊業有潛力，有世界第二大海底堡礁（僅次於澳洲大堡礁）及馬雅古蹟。

【貝里斯各種面額鈔票正面】
◎伊莉莎白二世 Elizabeth II(1926-)
正面左側各張不同：

2元鈔票左側是
托萊多區的石
碑，上面刻有
馬雅象形文字

5元鈔票左側
是托馬斯波茨
墓碑上的浮雕
──哥倫布

10元鈔票左側
是伯利茲市法
院大樓的鐘樓

20元鈔票左側
是飛鳥

50元鈔票左側
是轉動橋

100元鈔票左側
是長春花

【2貝里斯元背面】

◎阿爾通哈(Altun Ha)遺址、蘇南圖尼奇(Xunantunich)、洛霸安頓(Lubaantun)古蹟等馬雅遺址。遺
　　址左側是巨嘴鳥、貘（每張背面均有之）

左側為阿爾通哈(Altun Ha)遺址，是西元400至900年建築遺址，崇拜太陽神的祭祀場所。在此發
現大量的玉石雕刻。

中央為蘇南圖尼奇(Xunantunich)，意為「Stone Woman」石女、石處女。修建於西元600年左
右，是皇家祭奠儀式舉行地。

右側為洛霸安頓(Lubaantun)古蹟儀式中心，以其獨特金字塔建築樣式著名。

巨嘴鳥喙大重量輕，嘴邊緣有鋸齒，羽毛顏色豐富多彩，是貝里斯的國鳥，森林中最吵的鳥類。

貘是原始的奇蹄類動物，外形屬於馬類，「大象鼻，駱駝腿」長相怪異，是瀕臨絕種的哺乳動物。

【5貝里斯元背面】

◎中為古馬雅地圖及出土的托馬斯波茨棺柩，左為一個洗澡牛欄，右邊是大型夏季住宅和砲臺。

　　1798年，西班牙與英國在此島（聖喬治斯島）交戰，戰後西班牙敗退。

【10貝里斯元背面】
◎1910年的總督府（左），法院大樓（中），聖約翰大教堂（右）三座歷史建築。

貝里斯三座歷史建築物

左側是總督府，這是殖民時期的總督官邸。

中央是法院。

右側是聖約翰大教堂(St. John's Cathedral)，是中美洲最舊的英國國教大教堂，建造於1812年。

【20貝里斯元背面】
◎貝里斯市的中央銀行總部大樓

【50貝里斯元背面】

◎貝里斯河(The Belize River)橋梁，橋下軸承可轉動，將橋梁轉成垂直（見右下角），夜間方便
　船舶通行。

【100貝里斯元背面】

◎貝里斯的鳥類：

圖片展示由左至右：木鸛、棕色鵜鶘、紅腳鰹鳥、綠色軍艦鳥、雙黃頭亞馬遜鸚鵡、王鷲。

整個貝里斯就像一座自然公園，因為生態保育有成效。

一鈔一世界

1. 貝里斯位於中美洲東北部，北與墨西哥，西與瓜地馬拉毗鄰，東瀕加勒比海，全境屬於熱帶雨林，內有無數的飛禽(100元背面)及走獸（20元背面），原為馬雅人居住之地，是馬雅文明的發源地之一（2元背面），16 世紀淪為西班牙殖民地，後來英國入侵，1862 年成為英國殖民地，1981年獨立為大英國協成員國，奉英王伊莉莎白二世為元首（所有鈔票正面），行政及司法均仿照英國模式（10元背面）。貝里斯風光明媚，有世界第二大的海底堡礁，並有美麗的貝里斯河由西向東入海。其上有一橋梁，可垂直轉動，利於船舶通行，是一大觀光景點。貝里斯鈔票上放置太多內容，似乎過於繁雜，難以吸睛。繪畫講究「留白」，鈔票設計亦復如此。

2. 特殊的馬雅文明與世界四大文明並列，四大文明都建立在大河流域，只有馬雅文明崛起於火山高地與熱帶雨林。從西元前1,500年到16世紀，前後達3,000年。3-9世紀為極盛時期。馬雅文明在貝里斯 2 元及 5 元背面首先出現，也將陸續散列在宏都拉斯、瓜地馬拉、薩爾瓦多等中美洲國家。

馬雅人值得自豪的文明有：

1. 建立200英呎高（約20層樓）的金字塔，卻不用金屬結構。
2. 利用橡膠來製作球。
3. 建立複雜的文字符號及書寫系統。
4. 最早吃巧克力的民族。
5. 創造兩部曆法，一部365天作為四季耕作的依據；一部260天作為祭神用。
6. 擁有優異的天文知識，對太陽、月亮、恆星及行星做詳細的紀錄。

　（馬雅人在數千年前就預測到2012年12月21日就是世界末日，後來就由Roland Emmerich導演拍成科幻災難片，片名為「2012」，又有現代版的「諾亞方舟」。）

哥斯大黎加 中美瑞士

（中國譯名：哥斯達黎加）

Costa Rica

首都：聖約瑟(San Jose)
面積： 51,100平方公里
人口： 499,100人
貨幣： 哥斯大黎加科朗(CRC)　　1 USD ≒ 598 CRC

國旗五道條紋代表哥斯大黎加原先的五個省。藍色象徵海洋和天空；白色洋溢著和平；紅色則為獨立獻身的志士。將紅、藍色替換，就成泰國國旗。

正式場合國旗要有徽章，上有玉米圖樣。玉米是古印地安文明最重要作物，所以古印地安文明又稱「玉米文化」，當今仍是拉丁美洲居民主要糧食。此外，咖啡及香蕉也是重要農產。

哥斯大黎加(Costa Rica)在西班文中意為「豐庶的海岸」(Rich Coast)，是1502年，哥倫布第四次航抵新大陸，看到哥斯大黎加海岸時所發出的驚豔之語。

哥國是拉丁國家福利最佳者，全國廢除軍隊，有「中美瑞士」之稱。1948年內戰之後，哥斯大黎加總統何塞・菲格雷斯宣布解散軍隊，將此列入憲法，成為世界上第一個裁撤軍隊的國家。

哥斯大黎加的經濟主要是旅遊業、農業和電子元件出口。近期大力發展旅遊業，以自然風光和生態旅遊為賣點。電力來自再生能源，是世界上第一個完全不用煤炭或者石油來發電的國家。

熱帶雨林及海灘為其特色。對生態保護不遺餘力，有「生態和平」之國的雅號。

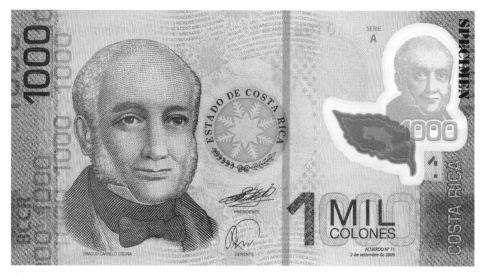

【1000哥斯大黎加科朗正面】

◎布勞略‧卡里略 Braulio Carrillo(1800-1845)

是哥斯大黎加律師、商人、政治家、總統。

哥斯大黎加歷史上最有爭議的領導人，有「哥斯大黎加民族國家的建築師」、「祖國之父」的
美譽，卻也有「暴君」惡名。1838年，卡里略發動軍事政變上臺，實行獨裁統治，大力推動改
革。廢除憲法，頒布《保障法》，宣布國家元首終身制。1842年，被推翻，流亡薩爾瓦多。

【1000哥斯大黎加科朗背面】

◎瓜納卡斯特有的千阜森林景觀，有白尾鹿、瓜納卡斯特樹。左右兩側為火龍果，右下端為蠍
　子。

【2000哥斯大黎加科朗正面】

◎毛羅‧費爾南德斯‧阿庫納 Mauro Fernandez Acuna(1843-1905)

1885年，擔任教育部長，領導教育改革。成立阿拉胡埃拉研究所、創建高級女子學院，對哥斯大黎加的教育有很大貢獻。鈔票左側背景印有數本書，右側是他創立的首都聖約瑟的女子學院(Colegio Superior de Senoritas)。

【2000哥斯大黎加科朗背面】

◎哥國的海洋生態世界，有珊瑚礁、公牛鯊、海星和海龜。

【5000哥斯大黎加科朗正面】
◎阿爾弗雷多‧岡薩雷斯 Alfredo González(1877-1962)
哥斯大黎加律師、政治家、總統。
1914年，就任總統，是第一位直選總統。
時值第一次世界大戰，出口銳減，為應對危機、刺激工商業發展和提高財政收人，試圖通過各種法規，最後功敗垂成，被迫下臺。
背景是哥斯大黎加國際銀行大樓。

【5000哥斯大黎加科朗背面】
◎紅樹林沼澤的花卉、蟹和猴，左右兩側為國花嘉德利亞蘭(Cattleya)。

【10000哥斯大黎加科朗正面】
◎何塞‧費雷爾 Jose Figueres Ferrer(1906-1990)
三屆哥斯大黎加總統：1948-1949，1953-1958，1970-1974。
總統任期內，解散國家軍隊，銀行國有化，給予婦女和黑人投票權。
每年的12月1日為哥斯大黎加的廢除軍隊日。鈔票背景是總統在敲鐘。

【10000哥斯大黎加科朗背面】
◎熱帶雨林的蘭花、金針菇及三趾樹獺（外形像猴子，行動卻非常的慢），左右兩側是蘭花。

【20000哥斯大黎加科朗正面】
◎瑪利亞‧伊莎貝爾‧卡瓦哈爾 María Isabel Carvajal(1888-1949)
哥斯大黎加著名作家和教育家。建立哥斯大黎加第一所幼兒園、兒童文學創始人。寫有戲劇、政
治文章和小說。代表作品《我阿姨潘其塔的故事》。
鈔票背景是卡瓦哈爾兒童文學作品《我阿姨潘其塔的故事》中的狐狸和野兔。

【20000哥斯大黎加科朗背面】
◎火山蜂鳥、左下側是千里光（清熱解毒的藥用植物）、左右兩側是咖啡樹。

【50000哥斯大黎加科朗正面】

◎里卡多・希門尼斯 Ricardo Jiménez(1859-1945)

著名的律師，三任哥斯大黎加總統(1910-1914、1924-1928、1932-1936)，專注國家的基礎設施和教育系統。

鈔票背景是聖約瑟最高法院。

右上紫色圖樣是哥斯大黎加國土疆界（每張鈔票正面都有）。

【50000哥斯大黎加科朗背面】

◎雲霧森林的閃蝶、太陽傘菇。左右兩側是紅色鳳梨花(Red Bromelia Flower)。

一鈔
一世界

1. 哥斯大黎加的鈔票，正面都是政治人物，背面都是大自然的動植物。哥國生物物種占世界５％，有中美最大熱帶雨林，為世界自然遺產。值得表揚的是哥斯大黎加自然生態保育是世界典範，擁有多樣的動植物，鈔票內容充滿自然氣息，都以花草樹木和珍禽異獸作圖案。國家雖沒有軍隊，卻到處是野生動物。

　　所以流傳：在哥國，食葉蟻是陸軍，金剛鸚鵡是空軍，而鯨魚則是艦艇。

2. 特別介紹一張著名的油畫鈔票（1990年版）

　　《哥斯大黎加獨立150周年紀念鈔》

　　圖面是國家劇院天花板上的畫作《咖啡與香蕉的寓言》，由義大利名畫家Alcardo Villa創作，提醒國人要飲水思源，勿忘經濟命脈。

古巴
棒球強國
Cuba

首都：哈瓦那(Havana)
面積：110,860平方公里
人口：11,450,000 人
貨幣：古巴披索(CUP)，古巴可兌換披索(CUC)
CUP是當地人民使用，CUC是遊客所用，1 USD = 1.00 CUC古巴可兌換披索，
1CUC=26.5CUP

古巴國旗是由在紐約的古巴人參考美國國旗所設計，也是星條旗。紅色正三角形是自由、平等、博愛的象徵，五角星象徵國家的獨立和自由，五道藍白相間的橫條表示當時有五個州，也象徵海洋國家（有如希臘）。

古巴以棒球、蔗糖、雪茄、古董車聞名。在路上仍可以看到許多古董車。近期積極發展旅遊業。古巴是加勒比海最大的島嶼，Cuba在當地語是「中心地」。古巴雖然是共產國家，到古巴旅遊，雖會看到60年代華麗的破舊，卻會感受到古巴人民對生活的活力與熱情。古巴也是曼波、倫巴、恰恰三種拉丁舞的發源地。有「雪茄烈酒」王國之稱，盛產雪茄、蘭姆酒。

古巴是加勒比海地區少數以白人為主、混血為輔的國家，也是美洲唯一社會主義國家。

面臨美國長期50年的經濟封鎖，但古巴卻是拉丁美洲唯一完全消除飢餓的國家。

【1古巴披索正面】

◎何塞‧胡利安‧馬蒂 Jose Julian Marti(1853-1895)

古巴民族英雄、詩人，第二次獨立戰爭領袖。創立古巴革命黨，是19世紀對西班牙獨立的象徵。一生致力於建立自由獨立的古巴。文學造詣高，在艱難的革命歲月裡，常以文學勾劃時局，倡言自由。

【1古巴披索背面】

◎1959年1月8日，菲德爾‧卡斯楚率領起義軍戰士進入哈瓦那的情景。

【3古巴披索正面】

◎切‧格瓦拉 Ernesto Che Guevara(1928-1967)

在與卡斯楚完成古巴革命後，又到其他國家推動革命。他帶領的游擊隊員參與拉丁美洲的革命運動，最後被CIA以及玻利維亞政府逮捕，處以死刑。古巴的商品很多都會有切‧格瓦拉的頭像，因為他是古巴年輕人的偶像。

【3古巴披索背面】

◎切‧格瓦拉作為志願者在收穫甘蔗

古巴經濟高度依賴糖業，有「國際糖罐」之稱。蔗糖是古巴唯一能換取外匯、維持國內經濟的大宗出口產品。

【5古巴披索正面】

◎安東尼奧‧馬塞奧 Antonio Maceo(1845-1896)

1895年5月馬蒂與西班牙軍戰鬥中陣亡。馬塞奧率領一支不到4,000人、裝備很差的起義軍隊伍。在人民大力支持下，屢戰屢勝，打敗總數近20萬裝備精良、訓練有素的西班牙殖民軍。

1895年9月，起義者召開立憲大會，制定古巴共和國臨時憲法。西斯內羅斯當選為戰時古巴總統，戈麥斯（10Pesos 正面）和馬塞奧分別當選為起義軍的正副司令。1896年12月7日於獨立戰爭戰死。

【5古巴披索背面】

◎巴拉瓜抗議

1878年3月15日，馬塞奧在巴拉瓜會見西班牙將軍馬丁內斯。馬塞奧拒絕接受沒有獨立的和平和不取消奴隸制的和平，決心繼續戰鬥。人們稱這次會見為「巴拉瓜抗議」，成為古巴革命者不妥協性的象徵。

【10古巴披索正面】

◎馬克西莫‧戈麥斯 Maximo Gomez(1836-1905)

古巴獨立戰爭軍事領導人。出生在多明尼加。1895年9月，起義者召開立憲大會，制定古巴共和國臨時憲法。西斯內羅斯當選為戰時古巴總統，戈麥斯和馬塞奧分別當選為起義軍的正副司令。關心廢除奴隸制度和平民擁有更大的政治權力。

【10古巴披索背面】

◎針對美國對古巴內政的干涉，古巴政府於1960年9月2日在哈瓦那舉行萬人參加的大會，通過《哈瓦那宣言》。鈔票上有國旗及機關槍，表示強烈譴責美國對古巴、對拉丁美洲國家的干涉。

【20古巴披索正面】

◎卡米洛・西恩富戈斯 Camilo Cienfuegos(1932-1959)

古巴民族英雄、革命家。1956年追隨卡斯楚和其他81人乘坐格拉瑪號回古巴進行戰鬥。率領遊擊隊迫使政府軍在Yaguajay投降，獲得「Yaguajay英雄」稱號。西恩富戈斯任職高層，成功鎮壓反卡斯楚的暴動，並在土地改革中有很大貢獻。

【20古巴披索背面】

◎古巴的農業

鈔票上圖案有香蕉、甘蔗、咖啡，菸草（雪茄）等作物是其主要農產品。古巴成為西班牙主要殖民地後，1526年引進黑奴種植甘蔗及菸草兩大作物。是世界上最大的蔗糖出口國，號稱「世界糖罐」，也是全球聞名的「哈瓦那雪茄菸」的故鄉。

【50古巴披索正面】

◎加西亞‧伊尼古茲 Calixto Garcia Iniguez(1839-1898)

古巴將軍、律師。在1868-1898年間，分成三個階段的古巴三十年解放戰爭結束之後，古巴終獲獨立，他從開始戰爭第一階段到第三階段都擔任將軍，領導古巴人為獨立而奮鬥，是古巴獨立戰爭代表性人物。

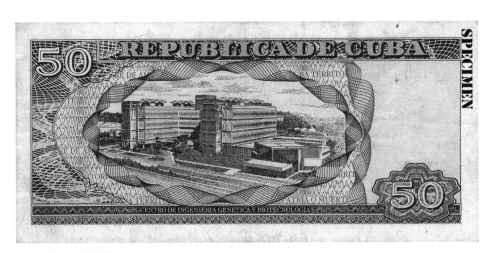

【50古巴披索背面】

◎古巴基因工程及生物科技研究中心

古巴是生技大國，在醫療方面享譽國際，並支援第三世界。在生物科技獨樹一格，特別是生化藥物及疫苗。古巴提供全民免費醫療，人民平均壽命在拉丁美洲最高。這個研究中心被WHO譽為「世界典範」，在過去十年，研究有成，已消除九種遺傳疾病。

【100古巴披索正面】
◎卡洛斯‧曼努埃爾‧德‧塞斯佩德斯 Carlos Manuel de Cespedes(1819-1874)
古巴國父。反抗西班牙殖民統治、爭取古巴獨立。
領導古巴進入解放戰爭三十年的戰爭第一階段。發表〈亞拉號召書〉，號召人民為自由、平等和
獨立而戰。領導十年革命，雖不幸失敗，卻被古巴人民尊為國父。

【100古巴披索背面】
◎古巴民族英雄、獨立之父、詩人何塞‧胡利安‧馬蒂(Jose Julian Marti)的塑像及哈瓦那街景。

【200古巴披索正面】

◎弗蘭克‧帕伊斯 Frank Pais Garcia(1934-1957)

古巴革命主要領導人。在進行反獨裁鬥爭中，帕伊斯是7.26運動（城市地下運動）的重要組織者，積極協調左派學生與卡斯楚的組織連繫，對卡斯楚革命控制和領導有很大的助益。1957年3月帕伊斯被警方逮捕，5月在抗議聲浪中被釋放。7月30日被刺身亡，全城憤怒，聖地牙哥發動建城以來聲勢最大的大罷工，此日子已被定為「革命烈士日」。

【200古巴披索背面】

◎古巴革命聖地亞哥市7.26紀念學校運築物及棕櫚樹

1953年7月26日早上，青年革命起義軍向蒙卡達兵營發動突擊。雖寡不敵眾，失敗告終，但已為推翻獨裁者政權打響第一槍。

革命成功後，政府將7月26日訂為「全國起義日」，將蒙卡達兵營改建為7.26學校城，校內設有革命紀念館。

【500古巴披索正面】

◎伊格納西奧‧阿格拉蒙特 Ignacio Agramonte Loynaz(1841-1873)

古巴獨立戰爭英雄。參加起義軍成為將軍，負責起義軍在卡馬圭省的防務。

1873年，在希馬瓜龍戰役陣亡。

【500古巴披索背面】

◎1869年，起義軍在卡馬圭省的圭馬羅舉行立憲大會，宣布古巴共和國成立，並組成議會，推
　選塞斯佩德斯為總統（100Pesos 正面），並通過古巴第一個共和國憲法。

【1000古巴披索正面】

◎胡里奧‧安東尼奧‧梅里亞 Julio Antonio Mella(1903-1929)

古巴革命家、古巴共產黨創始人之一。後來因和古巴獨裁者赫拉爾多‧馬查多的鬥爭，1926年被逮捕驅逐到宏都拉斯。在瓜地馬拉、墨西哥宣揚自由古巴理念。

1929年，回到古巴後兩星期就被暗殺。一般被認為他是史達林，托洛斯基鬥爭的犧牲者。

他所創始的古巴共產黨是共產國際的成員，接受莫斯科方面領導，後來改名為「人民社會黨」。

口號是：「學習、工作、步槍」。

【1000古巴披索背面】

◎哈瓦那大學的建物

活著的城市博物館——哈瓦那。

一鈔一世界

1. 古巴原為共產國家，經濟閉關自守，近年來與各國建交及推動改革開放，並發行大額鈔票(200Pesos、500Pesos、1000Pesos)有別原來的低值（現中國亦然，最高額為人民幣100元，與世界經濟大國相比，顯然偏低）。新鈔有別於原有的紙質鈔，具有凹印、開窗安全線、人像固定水印、陰陽互補圖案，相當防偽。古巴紙鈔不管新舊，其尺寸始終未變，15公分×7公分。

2. 以下為作者手上擁有兩張古巴舊鈔，10披索的顯示甘蔗之收成，古巴有「世界糖罐」之稱。5披索的是菸草之種植（左側）及雪茄之裝配（右側）。古巴雪茄舉世聞名，尤其「皇冠」商標為最佳雪茄，特提出與讀者分享。古巴是世界上少數實行全民免費醫療制度以及免費義務教育的國家。文化多元性造就古巴在舞蹈、音樂、飲食、電影等在世界上的影響力。

◎10古巴 Pesos，
　1896年版
圖片顯示甘蔗之收
成。

◎5古巴Pesos，
　1958年版
菸草之種植（左
側）及雪茄裝配
（右側）、古巴
國徽（中央）。

多明尼加 旅遊勝地
Dominic

Dominican，西班牙語「星期天、休息日」的意思，真是美麗的名字！
首都：聖多明各(Santo Domingo)
面積：48,670平方公里
人口：10,989,000人
貨幣：多明尼加披索(DOP)Peso Oro　　1 USD ≒ 50.22 DOP

國旗上白色十字象徵多明尼加是基督教國家；藍色是自由及和平；紅色象徵愛國。中心有國徽，內有十字架、聖經、旗中旗，加上月桂及棕櫚。多明尼加與海地同在一島嶼上，海地國旗充滿戰爭意涵，兩國國旗上的徽章代表一部經典小說：《戰爭與和平》（俄托爾斯泰著）。礦業以金、銀、鋁為主，農業以甘蔗、菸草、咖啡、可可為主，近期推出自由貿易特區，為服飾、皮革及電子產品加工，提供更多就業機會。以熱情好客人民著稱。

1492年，哥倫布登陸此島，宣布整個島歸屬於西班牙，並取名為西班牙島。

西班牙島為一島兩國，多明尼加與海地共處於西班牙島，不過兩國的文化和種族差異相當大。西班牙島面積僅次於古巴，為加勒比海第二大島。五百年前哥倫布在新大陸建立的第一座城市，就是現在多明尼加的首都聖多明各。聖多明各成為美洲第一個建立教堂、修道院、醫院的地方。

多明尼加被西班牙統治了三百多年，現時官方語言為西班牙語。

1992年，發現美洲新大陸500周年在多明尼加蓋了哥倫布燈塔，內放哥倫布的骨灰。

盛產熱帶經濟作物，以蔗糖、咖啡、可可、菸草、稻米及多種水果。礦產盛產金鎳鐵礦。美國職棒大聯盟球員中最多的國外球員就是來自多明尼加。

【20多明尼加披索正面】
◎盧伯龍將軍 Gregorio Luperón(1839 – 1897)
1863年，復國戰爭的主要領導人。1879年，成為多明尼加共和國的總統。

【20多明尼加披索背面】
◎國家公墓(The National Pantheon)
原是耶穌會教堂。具文藝復興風格，為西班牙人在聖多明各最後所修建的建築物，
現成為一座國家英雄公墓。

【50多明尼加披索正面】

◎聖瑪麗大教堂(Catedral of St.Maria la Menor)，號稱「美洲第一大教堂」。全名為美洲第一聖
　瑪利亞總主教座堂。

1512年建造，教堂北邊是著名的哥倫布廣場。

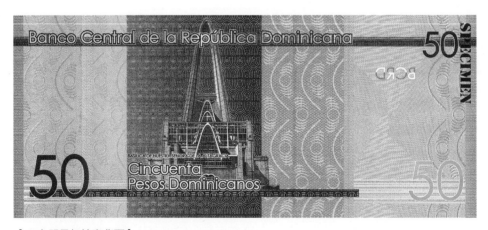

【50多明尼加披索背面】

◎雨櫃教堂(Basilica Nuestra Señora)

羅馬天主教教堂，1970年教皇保羅六世冊封，因在此有聖母瑪利亞顯靈神蹟的故事。

【100多明尼加披索正面】
◎由左至右　羅莎里奧‧桑切斯 Francisco del Rosario Sanchez(1817-1861)
胡安‧巴勃羅‧杜阿德 Juan Pablo Duarte(1813-1876)
馬蒂亞斯‧雷蒙‧梅亞 Matias Ramon Mella(1816-1864)
　多明尼加國家創始人。三位英雄在爭取多明尼加獨立的過程中扮演重要的角色，被尊為多明尼加開國元勳，其中杜阿德被尊稱為國父。

【100多明尼加披索背面】
◎孔代門(Puerta del Conde)
加勒比海盜設計的城堡，用來保衛聖多明各城。這是桑切斯(Sanchez)第一次升起多明尼加共和國國旗的地方。1884年，在此地宣告多明尼加共和國的獨立。

【200多明尼加披索正面】

◎米拉貝爾三姐妹 Mirabal Sisters：Ma Teresa(1924-1960)，Patria(1926-1960)，Minerva(1935-1960)

1950年代，多明尼加由獨裁者Trujillo掌政，常用殘暴手段糟蹋女性，米拉貝爾三姐妹成立「蝴蝶」的祕密組織，為弱勢發聲，鈔票上三姐妹之間有一隻蝴蝶來代表。

鈔票中間的Minerva年輕貌美，使獨裁者Trujillo垂愛，因追求未成，懷恨在心，關押她們全家，蝴蝶姐妹趁機脫逃，不斷透過演說、宣傳鼓舞民眾推翻獨裁政權，使Trujillo要除之而後快，1960年11月25日指使打手亂棒打死三姐妹。此遭遇引起公憤，有更多婦女投入抗暴運動。

米拉貝爾三姐妹雖然得到悲慘的結局，但她們勇敢對抗強權的舉止，卻是該國巨大自豪感的源泉。最終導致聯合國將她們的死亡紀念日（每年11月25日）訂為「國際反家庭暴力日」。

【200多明尼加披索背面】

◎三姐妹家鄉薩爾塞多(Salcedo)，為蝴蝶姊妹設立的米拉貝爾紀念碑。

【500多明尼加披索正面】
◎左 莎樂美‧恩里克斯 Salomé Henríquez(1850-1897)
　右 佩德羅‧恩里克斯 Pedro Henríquez(1884-1946)

莎樂美‧恩里克斯是詩人、婦女教育家和女權主義者。15歲就開始寫詩，後來成為著名作家及
教育家，對女性主權很有貢獻，46歲死於肺結核，其生日10月21日被訂為「詩人節」

佩德羅‧恩里克斯是散文家、哲學家、語言學家和文學評論家。應邀赴西班牙、墨西哥、阿根廷
任教，一所國立大學以他的名字命名。

兩人為母子關係。

【500多明尼加披索背面】
◎建於1947年的多明尼加中央銀行，主管國家貨幣及銀行業務系統。

【1000多明尼加披索正面】
◎右側是在聖多明各的國家博物院
中間背景上有貝亞衣畢玫瑰(Bayahibe Rose)，是一種仙人掌科灌木，被定為國花。

【1000多明尼加披索背面】
◎在聖多明各的哥倫布宮

哥倫布宮(Alcazar de Colon)

1513 年哥倫布之子迭戈‧哥倫布成為西班牙和西印度群島的總督之後，1514年和他的妻子——西班牙國王的侄女瑪利亞(Maria de Toledo)建造的，是座哥德式和文藝復興時期風格的宮殿，這是美洲最早的皇家成員住宅。哥倫布祖孫三代居住過這個建築物。

【2000多明尼加披索正面】

◎左 埃米立奧‧普呂多姆 Emilio Prud'Homme(1850-1897)

　右 何塞‧魯菲諾‧雷耶斯‧西昂卡斯 José Rufino Reyes Siancas(1835-1905)

普呂多姆是多明尼加律師、作家及教育家,撰寫國歌歌詞。

西昂卡斯是位作曲家,是多明尼加國歌的作曲者。

這首歌最先出現是在1883年「希望九號」民族運動中,當時的歌名為國歌。但最初歌詞被質疑,直到1897年,普呂多姆提交新版的歌詞,也就是現在使用的版本。

【2000多明尼加披索背面】

◎多明尼加國家劇院,多明尼加有名的梅朗格舞曲(Merengue)及巴恰塔舞曲(Bachata),風靡全拉丁美洲,常在此國家劇院表演。

一鈔
一世界

1. 多明尼加原為美洲印地安人居住地，1496年西班牙人建立城市，1795年歸屬法國，1809年回歸西班牙，1844年宣布獨立，成立多明尼加共和國。人民以黑白混血種居多，大都信奉天主教（20元背面，50元背面），旅遊業、出口加工業、僑匯為多明尼加經濟三大支柱。

2. 多明尼加鈔票正面上都是人物，其中有兩人組兩張，三人行兩張，一般比較少見，而鈔票的背面都是建築物為主。更早期1980版發行的1披索是煉糖廠，1978年版10披索是鎳礦開採，說明該國重要產業。另附上哥倫布發現新大陸500周年的500Pesos紀念鈔。

◎煉糖廠

◎鎳礦開採

◎克里斯多夫‧哥倫布 Cristoforo Colombo(1451-1506)

哥倫布被當作一種無畏探索的精神象徵。哥倫布自己認為他是在傳播基督的榮光，但是對於美洲原住民而言，哥倫布的到來意味著野蠻和殘酷大掠殺的開始。

哥倫布為歐洲人開啟殖民美洲的大門，而印地安人認為是侵略的開始。

哥倫布日(Columbus Day)為10月12日，這一日正是哥倫布在1492年登上美洲大陸的日子，迄1992年為500周年。北美洲、南美洲、加勒比海地區的國家都為此舉行紀念活動。

但10年後，2002年開始，委內瑞拉把這個節日稱作「原住民抵抗日」。

薩爾瓦多 太平洋燈塔
El Salvador

首都：聖薩爾瓦多(San Salvador)
面積：21,041 平方公里
人口：6,187,800人
貨幣：自2001年科朗(Colones)停止流通，美元成為薩爾瓦多的法定貨幣。

薩爾瓦多國旗的兩道藍色是前中美洲聯邦旗共有的樣式和顏色，代表太平洋和加勒比海。白色象徵和平與和諧。其上有一徽章，自由之帽高掛山巔，飾帶用西班牙文寫著「上帝、團結、自由」，並有月桂枝環繞。薩爾瓦多有60座以上的火山，火山活動旺盛，在外海遠遠可見，故有「太平洋燈塔」之稱。因為火山岩最適合種咖啡，咖啡成為該國經濟支柱，香蕉及蔗糖亦是主要農產品。

薩爾瓦多擁有一個特別的馬雅遺跡——荷亞迪賽倫(Joya De Ceren)，被譽為中美洲的龐貝城。薩國為中美地峽中面積最小、人口最稠密的國家，移居美國者眾多，中美洲交通轉運站。薩國經濟不振，貪腐、內戰、貧富不均及動盪的社會，使得街頭暴力文化橫行。

【各種面額鈔票背面】

◎克里斯多夫‧哥倫布 Cristofro Colombo(1451-1506)

1492年8月3日 哥倫布在西班牙女王伊莎貝爾贊助下，率聖瑪麗亞號、平塔號、尼尼亞號三艘船出發，10月12日發現新大陸。哥倫布先後橫渡大西洋四次，到達巴哈馬、海地、古巴、牙買加及中美洲沿岸，是人類歷史上最為出色的航海家。每年10月第二個星期一是哥倫布節。

【5薩爾瓦多科朗正面】

◎首都的國立自然歷史博物館，包含了薩爾瓦多絕大部分生物和植物的資訊，也是薩爾瓦多礦物、植物、古生物、鳥類、兩棲動物、哺乳動物的展示地。

【10薩爾瓦多科朗正面】

◎ 伊薩爾科火山(Volcano Izalco)

伊薩爾科火山，位於聖安娜省，高2,381公尺，在1920年曾噴發，被認為是全世界最年輕的火山，目前仍然是座活火山，噴發時，火光耀眼，成為太平洋航行的船員獨特的天然信號塔，有「太平洋燈塔」之稱。

【25薩爾瓦多科朗正面】

◎聖安德列斯金字塔(San Andres)是馬雅古文明遺址。占地34公頃，包括三座馬雅金字塔，有完整的古代供水系統和考古遺跡博物館。金字塔底部有臺階，經歷數千年，井水依然滋潤周圍農田，使周邊土地至今仍然肥沃。

【50薩爾瓦多科朗正面】

◎科阿特佩克湖(Lake Coatepeque)是高原湖泊，火山口形成的堰塞湖，海拔高度745公尺，湖畔森林環抱。湖中特奧班小島，也是馬雅文化遺址，是藝術家、商界和政界人士避暑勝地。

【100薩爾瓦多科朗正面】
◎塔蘇瑪(Tazumal)金字塔，馬雅語是指「一個焚燒犧牲者的地方」。
1892年出土，高24公尺的神殿，上有血腥祭壇，其旁有小型博物館展示玉器、陶瓷，塔內部的棺木裡有116件容器、玉器、珠寶、硫鐵礦鏡子等。

【200薩爾瓦多科朗正面】
◎薩爾瓦多世界神聖救世主紀念碑，供奉耶穌基督。
紀念碑為方形石柱，四面有十字架，頂端為圓形石球，上面是救世主像。

**一鈔
一世界**

1. 這套紙鈔背面都是哥倫布，正面是薩爾瓦多重要景點。

 科朗是薩爾瓦多在1919到2001年發行的貨幣，貨幣單位「科朗」
 (Colon)就是依美洲發現者哥倫布的西班牙名Colon命名。

 在2000年底為避免貨幣風險，促使利率下調，進而促使經濟增
 長，議會通過使用美元代替科朗成為國家貨幣的法案。兌換比例1
 美元兌8.75科朗。

 自2001年科朗停止流通，美元成為薩爾瓦多的法定貨幣。

2. 1492年哥倫布首次航行到美洲，是世紀性大規模航海的開始，
 使新舊大陸開始聯繫，引發各種生態的巨大轉變。歷史學家艾弗
 瑞‧克羅斯比(Alfred W.Crosby)在1972年出版《哥倫布大交換》
 (*The Columbian Exchange*)中，提出這個觀念，如世界產量最大
 五作物──玉米、馬鈴薯、木薯、蕃茄、地瓜都源自美洲，而家
 畜、傳染病也由歐洲傳到新大陸。

1997

瓜地馬拉 馬雅之源 （中國譯名：危地馬拉）
Guatemala

首都：瓜地馬拉市(Guatemala)
面積：108,889平方公里
人口：17,550,000人
貨幣：瓜地馬拉格查爾(GTQ)　　1 USD ≒ 7.739 GTQ
〔名稱來源於瓜地馬拉的國鳥鳳尾綠咬鵑（格查爾鳥）〕

國旗藍、白、藍色條為前中美洲聯邦的標誌，象徵國土位於加勒比海與太平洋之間。格查爾鳥是瓜國國鳥，稱為「自由之鳥」。徽章上還有槍、劍及月桂樹，代表獨立及和平。

瓜地馬拉是古馬雅文化中心，該國曾發生長達三十六年的內戰，民不聊生。農產品以咖啡、香蕉、蔗糖為主，現在致力於簡單加工裝配出口。長期間存在著貧富懸殊的問題。

瓜地馬拉國名源自於印地安語，意為「多樹之地」，擁有中美洲最大的熱帶雨林。再加上有高山、深水，成為全球自然資源豐富、多元的國家。走一趟瓜地馬拉可以一次看夠馬雅文明和自然生態之美。

【1/2瓜地馬拉格查爾正面】

◎蒂肯‧烏曼 Tecúm Uma(1500-1524)

馬雅人的最後的酋長、統治者。馬雅人發動反對西班牙戰鬥，屢敗屢戰，前仆後繼，最後酋長被西班牙征服者佩德羅‧德‧阿爾瓦拉多殺死。悲慟的馬雅人說他們的酋長化成美麗的格查爾鳥飛天而去，他的鮮血染紅了格查爾鳥潔白的胸脯，顯示出不屈的民族精神，成為瓜地馬拉優美的神話。左側是馬雅人的天神伊扎姆納(Itzamna)，晝夜的主宰，是曆法和編年方法的發明者，常常對付災荒、病害，常以藥神的面目出現。

【1/2瓜地馬拉格查爾背面】

◎四世紀瓜地馬拉的蒂卡爾(Tikal)金字塔，是馬雅文化中最大遺跡，以活人心臟祭神的場所。

在歐洲人尚未抵達前，馬雅人已締造輝煌古文明。

蒂卡爾的古意為「能聽到聖靈之聲的地方」。蒂卡爾在馬雅顛峰時期（約西元3-10世紀），是人口最多、規模最大的城市，人口超過十萬，境內有壯觀的神廟、金字塔、皇宮等，是馬雅文化現存最大遺蹟群。

【1瓜地馬拉格查爾正面】

◎何塞‧瑪利亞‧奧雷利亞納 Jose Maria Orellana(1872-1926)

是瓜地馬拉1921-1926年的總統，任期內設立師範大學，對國內的公路建設盡很大心力，創辦瓜地馬拉銀行，創立瓜地馬拉的貨幣格查爾(Quetzal)。而格查爾鳥是瓜地馬拉國鳥，在每張鈔票正面可左上方皆有之，稱為「自由之鳥」，一旦被捕捉，就不吃不喝而死。瓜地馬拉的國旗上也畫上一隻振翅欲飛的格查爾鳥。

【1瓜地馬拉格查爾背面】

◎瓜地馬拉中央銀行大樓，創立於1945年。中央銀行外牆浮雕壁畫，由瓜地馬拉雕塑家Dagoberto所創作，表現出國家的歷史。左側是萊頓板，一片小的玉石。描繪一名盛裝的統治者腳踏一名俘虜。板的另一面刻出「長曆法」。

【5瓜地馬拉格查爾正面】
◎胡斯托‧魯菲諾‧瓦里奧斯 Justo Rufino Barrios(1835-1885)
1873-1885年任職總統。是位自由改革和中南美洲結盟的推手，任內著手一連串的改革，包括經濟、教育、立法，並削弱教會的力量，將教會財產收歸國有。

【5瓜地馬拉格查爾背面】
◎教導與學習。在各國的幫助下實施基礎義務教育，瓜地馬拉國民識字率高達80%以上。

【10瓜地馬拉格查爾正面】
◎米格爾‧加西亞‧格拉納多斯 Miguel Garcia Granados(1809-1878)
1871-1873年擔任總統，任職期間設立工學院，頒布國旗的式樣，開放出版自由。
被認為是瓜地馬拉19世紀中後期最有影響力的人物之一。

【10瓜地馬拉格查爾背面】
◎1872年國會會議歷史場景的油畫作品

【20瓜地馬拉格查爾正面】

◎馬里亞諾‧加爾韋斯 Mariano Gálvez(1790-1862)

法學家和寬宏政客。1831-1838年，連續兩屆任職瓜地馬拉總統。

原先是一個棄嬰，後來由一個富有家庭收養，致力於學業，獲得博士學位。1823年，任中美洲第一個聯邦國會會議主席。任職總統期間促進科學和藝術，取消宗教節日為假日，創建國家圖書館和國家博物館，促進對法律和公民權利的尊重，保障結社、思想、新聞自由。鈔票左側是穀神吁姆‧卡虛(Yum Kax)，以玉米作頭飾，也是森林之神。和雨神在一起時，象徵受到保護。和死神同在時，表示戰鬥很激烈。

【20瓜地馬拉格查爾背面】

◎簽署中美洲獨立法案的歷史場面

中美洲聯邦由瓜地馬拉、宏都拉斯、薩爾瓦多、哥斯大黎加和尼加拉瓜五國組成。

1823年成立聯邦，1838年聯邦解體。

【50瓜地馬拉格查爾正面】
◎卡洛斯．薩克里松 Carlos O. Zachrisson(1879-1956)
1923-1926年擔任瓜地馬拉財政部長，任內改革貨幣和銀行政策。

【50瓜地馬拉格查爾背面】
◎工人採收咖啡豆。瓜地馬拉擁有許多肥沃的火山岩谷地，適合咖啡栽植，特別在高海拔、火山
　區的安提瓜(Antihua)、馬德雷(Sierra Madre)，其咖啡皆水洗，微酸、香醇、順口，是混合式咖
　啡最佳材料，頗受好評。
註：世界咖啡排名：1.牙買加藍山咖啡；2.巴西聖多斯咖啡；3.印尼曼特寧咖啡；4.哥倫比亞咖
　　啡；5.夏威夷可納咖啡；6.中東、東非摩卡咖啡；7.印尼爪哇咖啡；8.古巴咖啡；9.瓜地馬
　　拉咖啡。

【100瓜地馬拉格查爾正面】
◎弗朗西斯科‧馬羅金 Francisco Marroquín(1499-1563)
瓜地馬拉主教、律師、原住民的守護者，是瓜地馬拉第一位語言翻譯高手。
在1562年設立Santo Carlos（聖卡洛斯）大學的前身。

【100瓜地馬拉格查爾背面】
◎瓜地馬拉聖卡洛斯大學，1559年，由馬羅金成立，作為他的努力教育當地人的據點，是一所
　具有中美洲性質的大學。聖卡洛斯大學的創立是瓜地馬拉教育史重要里程碑。

【200瓜地馬拉格查爾正面】

◎赫爾曼‧阿爾坎塔拉 German Alcantara(1863-1910)，作曲家，寫了很多馬林巴音樂。

馬里亞諾‧巴爾韋德 Mariano Valverde(1884-1956)，作曲家、吉他手，譜寫馬林巴。

塞巴斯蒂安‧鳥爾塔多 Sebastian Hurtado(1827-1913)樂隊和管弦樂隊指揮，1897年製造第一個彩色馬林巴琴，拓展馬林巴多達六個音階旋律演奏。

【200瓜地馬拉格查爾背面】

◎左側是Hurtado使用過的木琴及Alcantara所譜寫的《咖啡之花》(La Flor del Café)樂譜

中間是音樂作品《明月夜廢墟》的城市景觀意境。

右側是國鳥──自由之鳥（格查爾鳥）。

一鈔
一世界

1. 瓜地馬拉的鈔票，在正面都是人物，除了100元是教育家，200元是音樂家以外，均是政治人物，而背面之圖像大多是與正面名人相關之建築及文物。最值得一提的是瓜地馬拉的貨幣名稱叫格查爾(Queta)，簡寫為Q，它是瓜地馬拉的國鳥，在每張鈔票正面均有此鳥。綜觀世界各國鈔票以國名、人名命名的貨幣不在少數，但以鳥名命名的貨幣則屬罕見。

   格查爾是「金綠色的羽毛」。它是有名的「森林醫生」。雌鳥大小如鴿子，全身羽毛艷麗，紅腹綠背，頭和胸部呈淺綠色。格查爾鳥性情高潔，酷愛自由，所以有「自由之鳥」的美稱。格查爾鳥喜歡成雙成對，形影不離，是愛情的象徵，是瓜地馬拉人民的驕傲，瓜地馬拉人民把它視為自由、愛國、友誼的象徵，法律規定禁止捕捉格查爾鳥。

2. 有輝煌歷史的馬雅文明：

   馬雅文明是中美洲印地安先民在和亞、美、歐洲古文明隔絕下所創造的偉大文明，在不同領域有重大的貢獻：

   科學──天文學、曆法、工程學、數學

   農業──玉米、蕃茄、可可、菸草種植

   文化──象形文字、編年史

   藝術──雕刻、繪畫

   馬雅文化的擴展期約在西元前800年至西元後900年，其中最大的城邦是蒂卡爾(Tikal)，在鼎盛時期有超過4,000座神廟、祭壇、金字塔等建築。在西元900年時，蒂卡爾馬雅人突然全部消失，所有建築物荒廢在叢林中，直到19世紀才被探險家發現，重見天日。目前蒂卡爾（鈔票1/2 GTQ背面）挖掘出來的只占原來的10%，大部分遺址都還掩埋在叢林裡。

   馬雅人把死亡看作人生的避風港，可以再度揚帆啟航。認為死亡只是中轉站，是走完一趟行程，再前往另一行程的過程。馬雅人通常是先火化，然後將屍灰放入甕中入葬，葬在廟宇。

   馬雅人食物80%是玉米，玉米種植幾乎是馬雅農業的全部。先伐木，後燒林，再播種，然後每年變換玉米地的場址。除了玉米以外，還學會栽培辣椒、蕃茄、菜豆、南瓜、葫蘆、蕃薯、木薯等作物。經濟作物有可可、菸草、棉花、龍舌蘭和藍靛草。

海地 Haiti 千山之國

首都： 太子港(Port-au-Prince)
面積： 27,750平方公里
人口： 11,233,000人
貨幣： 海地古德(HTG)　　1 USD ≒ 75.87 HTG

海地原為法國殖民地，以前被稱「加勒比海明珠」。去掉法國國旗的白色（白人），剩下紅、藍兩色，藍色弘揚獨立和自由的精神，紅色代表人民不屈不撓，兩色又代表黑人及印地安人。中央圖案是海地的國徽，內容相當複雜，有槍、砲、彈、旗、鼓等，不表示鼓勵戰爭，而是展現保衛國土的決心。

海地與多明尼加同一島嶼，分列東西兩側，人民大多為非裔，久經獨裁及內戰，政治動盪，人民紛紛外移鄰近國家或美國，是一貧窮之國。人民大多務農，以咖啡、蔗糖、可可為主。

海地是世界上第一個非裔主導，奴隸起義建立的國家，也是加勒比地區第一個獨立的國家，是美洲唯一以黑人為主體民族（占比95%）的共和國。經濟以農業為主，基礎建設落後。主要糧食作物為玉米和高粱。

【10海地古德正面】

◎薩妮提‧貝賴爾 Sanite Belair(1781-1802)

積極參與海地革命，為對抗法國恢復奴隸制而革命鬥爭，被視為獨立鬥爭的偉大英雄，最後被捕處以死刑。革命雖然沒成功，卻導致1804年獨立運動革命成功。

鈔票背景是獨立戰爭戰鬥場景。

【10海地古德背面】

◎Fort Cap-Rouge城堡遺址，位在海地東南部，砲臺建於1818年，是為防禦抵抗法軍的重新入侵而建。

【25海地古德正面】

◎尼古拉斯‧傑夫拉爾 Nicolas Geffrard(1762-1806)

他在Arcaha和法國人作戰，主張驅逐法國部隊而不是採用激進手段，對革命獨立建國有很大貢獻。他的兒子是1859-1867年海地總統。

【25海地古德背面】

◎馬卡亞國家公園(Forteresse des Platons)的柏拉圖城堡

在19世紀初由海地人建成的一個防禦工事遺跡，用來鞏固1804年得來不易的獨立自由。

【50海地古德正面】

◎弗朗索瓦‧卡波伊斯 Francois Cappoix(1766-1806)

海地獨立戰爭中的英雄，在1803年維第亞戰役中，帶領第九旅軍戰勝法國拿破崙‧波拿巴的軍隊。在1804年簽署的海地獨立法草案中，還有他的簽名。

背景是維第亞戰役中，戰馬受傷倒地，卡波伊斯手持長劍指揮，士兵在砲火中勇敢前進。

【50海地古德背面】

◎Fort Jalousière城堡遺址，是法國佔據的最後堡壘，1803年海地軍攻陷，法軍被迫投降。隔日海地宣布獨立。

【100海地古德正面】

◎亨利・克里斯托夫 Henri Christophe(1757-1820)

是1807-1820年間海地總統，反對法國殖民統治，運用游擊戰術擊敗白人，屢建戰功。

1806年，海地總統德薩林被殺。1807年，克里斯托夫當選總統。亨利・克里斯托夫以海地角為首都統治北部，成為國王。因實行鐵腕統治，引起國內動盪，1820年被迫自殺。

背景為獨立戰爭。

【100海地古德背面】

◎亨利城堡(Citadelle Henry)

位於海地北部，1806到1820年間，由領導海地遠離法國統治領導人亨利・克里斯托夫建造，為了預防法國的還擊，建築在高海拔的山上。

因為法軍沒有再返回海地還擊，城堡得以良好保存下來。

【250海地古德正面】

◎讓-雅克‧德薩林 Jean-Jacques Dessalines(1758-1806)

海地革命的領袖，開國元勳，為杜桑‧盧維圖爾的部將，杜桑死後，接下重擔，1803年終於逐出法軍。1804年宣布海地獨立，締造全球第一個黑人共和國。獨立後仿效拿破崙自稱皇帝，加冕為雅克一世，被稱為「黑色拿破崙」。但因暴政、內部叛亂，1806年在太子港遇刺身亡，其忌日為海地國定紀念日，稱為德薩林日。2004年也是海地獨立200年，聯合國特別訂為反抗與廢除奴隸制度年。背景是宣布海地獨立。

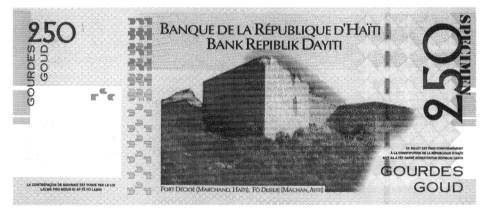

【250海地古德背面】

◎德希迪堡(Fort Decide)坐落於瑪哥海，德薩林稱帝，在此建造一座堡壘。

【500海地古德正面】

◎亞歷山卓‧佩緹翁 Alexanddre Petion(1770-1818)

海地南方的終身總統，指揮維泰里斯之戰大勝法軍，海地因而獨立。

1806年，德薩林被暗殺後，海地隨即被分為兩部分：亨利‧克里斯托夫以海地角為首都統治北部，佩緹翁以太子港為首都統治南部。在海地南方，佩緹翁將大地產劃分為小塊的農耕地，此舉雖然得人心，但在經濟上卻具災難性。

背景為海地宣布獨立。

【500海地古德背面】

◎坐落於佛瑪德(Fermathe)的賈奎斯堡(Fort Jacques)

此城堡是為海地宣布獨立而建造的，作為自由的象徵，現已列為世界文化遺產。

【1000海地古德正面】

◎海普萊特 Florvil Hyppolite(1828-1896)

職業軍人將軍，海地第十六任總統(1889-1896）。

右上角為首都太子港市徽和開埠250年(1749-1999)紀念文字。

【1000海地古德背面】

◎太子港「鋼鐵市場」(Lle à Vachè)繁榮景觀，海地太子港的重要象徵。

1889年，埃及政府向法國訂購一座由鋼鐵打造的建築物，在建築物打造完成之前，埃及政府無意支付餘款。法國尋找新買主，海地的總統Florvil Hyppolite以個人名義買下，並組裝在太子港作為商業中心。

一鈔
一世界

1. 這一張海地古德(Gourdes)鈔票，是2004年獨立200周年的紀念鈔，也是流通鈔。正面是英雄，背面是堡。它是海地人民推翻法國殖民統治和廢除奴隸革命的紀念，在此再提革命中最重要的一個人（藉2001年版，海地憲法頒布200周年之紀念鈔上人物）。

◎杜桑·盧維圖爾 Toussaint L'Ouverture(1743-1803)
他受到法國1789年大革命的啟示，
1791年，領導海地人發動獨立戰爭，成為拉丁美洲最早爭取獨立的國家，迫使法國殖民當局頒發廢奴令。
1794年，指揮起義軍將入侵的西班牙殖民軍逐出該島。
1798年，驅逐英國侵略軍。
1801年，宣布海地自治，被推為終身總統。任內頒布憲法，下令解放全部黑奴，使法國在島上殖民統治名存實亡。
1802年，法軍再大舉入侵，遭海地義勇軍抗禦，打敗拿破崙派遣的3萬多法國侵略軍。5月法軍司令黎克勒以出席會議為名，將其誘捕，囚禁於法國。
1803年，盧維圖爾因肺炎死於法國地牢，讓-雅克·德薩林接下重擔，終於驅逐全數法軍。
1804年1月宣布獨立，建立美洲第一個獨立的黑人國家，深具歷史意義。

2. 海地國旗及國徽的誕生也頗有意義：

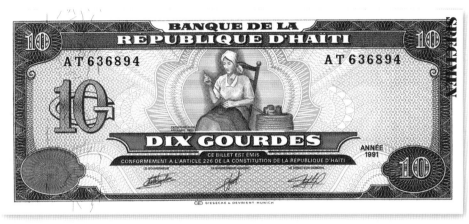

【10海地古德正面】
◎1803年，革命領袖是讓-雅克‧德薩林的女兒凱瑟琳‧弗隆阿卡哈伊正在縫製海地的第一面旗幟。她將法國國旗三色旗（殖民國旗誌）撕毀去掉白色（白人），再把紅青兩條水平再縫合而成。原為左青右紅，1844年改上青下紅。

【10海地古德背面】
◎海地人精神象徵國徽，樹前綠地有一面戰鼓，兩旁為戰斧、大砲、軍旗等。
表示海地人時時準備奮戰，誓死捍衛國家獨立和尊嚴的決心。
中間是一株棕櫚樹，樹頂掛著自由帽。
底下寫法文：「L'Union Fait La Force」，這是海地的格言「團結就是力量」。

宏都拉斯
Honduras

香蕉王國 （中國譯名：洪都拉斯）

首都：特古西加爾巴(Tegucigalpa)
面積：112,090平方公里
人口：8,494,600人
貨幣：倫皮拉(Lempira)　　　1 USD ≒ 24.40 HNL

國旗色彩和式樣與原中美洲聯邦國旗相同，藍色為加勒比海和太平洋，白色象徵和平，五顆星代表參與聯邦的五個成員國（瓜地馬拉、宏都拉斯、薩爾瓦多、哥斯大黎加和尼加拉瓜）。

　　宏都拉斯以前是中美聯邦的中心。宏國就位於這個中美地峽的中部。

　　1502年，哥倫布第四次航海來到這裡，發現此地海底深不可測，命名為 Honduras，西班牙語意思是「好深的地方」，國名由此得來。1524年，淪為西班牙殖民地。

　　1821年，宏都拉斯宣布獨立。1823年，加入中美洲聯邦。1838年，退出中美洲聯邦，成立共和國。宏都拉斯和其他中南美洲國家一樣，都經歷獨裁、革命、政變。宏都拉斯自1821年獨立至1978年，有139次政變，是拉美政變最頻繁的國家。人民生活仰賴美國支援，直到80年代才穩定下來。宏都拉斯有1/3的耕地種植香蕉，出口居世界第一，因之被稱為「香蕉共和國」。

【1倫皮拉正面】

◎倫皮拉 Lempira(1497-1537)

印地安酋長，帶領印地安原住民反抗西班牙軍隊入侵，西班牙幾乎慘敗，隔年西班牙奪回占領地，Lempira遭到暗殺，自此宏國淪為西班牙的殖民地幾百年。

Lempira 成了宏都拉斯民族英雄的象徵，貨幣名稱也取名叫「Lempira」。

左側是國徽：中間用石頭築成的巨大蒙松尼克金字塔，象徵平等和正義，左右兩座方塔象徵國家的獨立和主權，碧波萬頃的海洋表示宏都拉斯的地理位置。

【1倫皮拉背面】

◎科潘馬雅遺址Ruins of Copan（世界文化遺產）

科潘曾是馬雅人的第二大城，科潘馬雅遺址保有千年馬雅文化特色的廟宇及建築。中心是階梯式的祭壇，中央有一群石碑，中央廣場的東端有刻著馬雅象形文字的石碑，東南方是碑文階梯「象形文字梯道」，是現今保存最完整的馬雅文字資料，補救了沒有紙張記載的遺憾。多量巨大的石碑浮雕，被公認為馬雅藝術的最高成就。

【2倫皮拉正面】
◎馬可‧奧雷利奧‧索托 Marco Aurelio Soto就職(1846-1908)
第二十一任宏都拉斯總統，整頓財政金融系統，讓投資者接管政府的土地，建立電信系統。
頒布採礦法、公共教育法、刑事法、民事法、商業法和軍事法等，並改組法院。
任職期間選定特古西加爾巴(Tegucigalpa)成為宏都拉斯首都。

【2倫皮拉背面】
◎阿馬帕拉島(Amapala)，是一處死火山島，島邊是阿馬帕拉港。

【5倫皮拉正面】
◎弗朗西斯科‧莫拉桑 Francisco Morazan(1792-1842)
是宏都拉斯國父、將軍暨政治家，中美洲聯邦共和國總統(1830-1839)，並曾擔任過宏都拉斯、
瓜地馬拉、薩爾瓦多和哥斯大黎加的國家元首。
莫拉桑過世後，被宏都拉斯和薩爾瓦多奉為民族英雄，兩國各有一個省，以他為名。

【5倫皮拉背面】
◎1827年特立尼達之戰(Battle of Trinidad)
由莫拉桑帶領，這是一場宏都拉斯內戰，莫拉桑(Morazan)將軍領導保守黨打敗自由主義勢力，
這一仗躍昇他的力量，成為中美洲聯邦共和國總統(1830-1839)。

【10倫皮拉正面】
◎何塞‧特里尼達‧卡巴納斯 Jose Trinidad Cabanas(1805-1871)
第十六任宏都拉斯總統(1852-1855)，畢生希望能把中美洲恢復成一個統一的國家。

【10倫皮拉背面】
◎宏都拉斯大學
由總統胡安‧林多(Juan Lindo)在1847年創立。

【20倫皮拉正面】

◎迪奧尼西奧‧德‧赫雷拉 Dionisio de Herrera(1781-1850)

三度就任宏都拉斯總統(1824-1827、1830-1833、1835-1838)

律師出身的政治家，依憲法當選的第一位總統，採漸進路線，推動農業及工商業發展，被尊為「民族之父」。1825年，頒布國家第一部憲法，試圖落實各項自由，但因神職人員的反對而沒有成功。

【20倫皮拉背面】

◎宏都拉斯的歷史研究中心，建築位於首都特古西加爾巴的老城區內，1919年建成。1932-1952年為總統官邸，一直作為宏都拉斯的政府辦公大樓所使用，直到1991年政府辦公大樓遷移後，成為宏都拉斯的歷史研究中心。建築融合哥德式和文藝復興時期的建築特色。

【50倫皮拉正面】

◎胡安‧曼努埃爾‧加爾韋斯 Juan Manuel Galvez(1876-1969)

1949-1954年為宏都拉斯總統,任職於一個繁榮的時代。

1954年,准許美國使用宏都拉斯領土駐軍,採取軍事行動對抗瓜地馬拉的Jacobo Arbenz。

【50倫皮拉背面】

◎宏都拉斯中央銀行,位於Comayaguela。

【100倫皮拉正面】

◎何塞‧塞西利奧‧瓦萊 Jose Cecilio del Valle(1780-1834)

1821年，領導宏都拉斯科馬雅瓜省宣告獨立，是位哲學家、政治家、律師、記者。

1834年，選舉打敗莫拉桑，當選中美洲聯邦第三任總統，但在前往就職的路上因生病而亡。

【100倫皮拉背面】

◎是瓦萊出生的房子，緊鄰著宏都拉斯Choluteca市的中央公園。

【500倫皮拉正面】

◎拉蒙‧羅薩 Ramon Rosa(1848-1893)

律師、記者及自由作家，提倡教育改革，馬可‧奧雷利奧‧索托總統（見2元鈔票）的祕書長。

宏都拉斯的郵政系統及礦業投資都是在他的督促下完成的。

右側背景建物是國家美術館(National Gallery of Art)。

【500倫皮拉背面】

◎背景是聖胡安西托村

歷史上有名的銀礦開採小鎮，位於首都特古西加爾巴東北部40公里的小村莊。是宏都拉斯第二十一任總統馬可‧奧雷利奧‧索托的故鄉。

一鈔一世界

1. 1元鈔票正面是過去馬雅人的大酋長，名曰倫皮拉(Lempira)，曾抵抗西班牙人入侵被害，後來Lempira的名字居然成為紙鈔名稱。宏國鈔票正面都是人物，幾乎都是總統。 鈔票背面大多為古蹟或建築。

1969年因世足賽的外圍賽爭執而導致軍事衝突。

薩爾瓦多過度開發土地，富裕的地主掌控薩爾瓦多的主要農地，許多薩爾瓦多貧困農民被迫移居薩爾瓦多與鄰近宏都拉斯之間的廣大土地。宏都拉斯決定分配這些土地給宏都拉斯農民，同時沒收薩爾瓦多農民開墾的土地，而這些農民已在此土地維生數代之久，造成雙方有很深的糾葛。最後經由美國與美洲國家組織施壓，戰爭才以停火協議收場。

2. 以前記憶「中美地峽七國」，用臺灣童星出身的資深藝人「巴戈」起頭：

「巴戈你很傻瓜唄」由南到北，一國不差；

「巴　——巴拿馬

「戈」——哥斯大黎加

「你」——尼加拉瓜

「很」——宏都拉斯

「傻」——薩爾瓦多

「瓜」——瓜地馬拉

「唄」——貝里斯

牙買加 最美海港
Jamaica

首都：京斯敦(Kingston)
面積：10,991平方公里
人口：2,830,000人
貨幣：牙買加元(JMD)　　1 USD ≒ 128 JMD

　　牙買加國旗的X型十字架稱為「聖安德魯十字架」，金黃色象徵陽光與資源；綠色三角形象徵森林與農業；黑色三角形象徵黑人後裔。

　　此地印地安人大量死於戰爭及傳染病，造成勞力缺乏，歐洲人於是自非洲運入大量黑人充當奴隸，所以此地大多是黑人後裔（占91％）。

　　礦業有世界第四的鋁土，還擁有美麗沙灘，吸引很多觀光客。牙買加的面積在西印度群島中，居第三位，僅次古巴、海地。1503年，哥倫布第四次航行途中，在牙買加居住1年，這是哥倫布航行中，待在同一地點最久的一次。

　　牙買加有世界排名第一的藍山咖啡品種，在咖啡世界中的地位，有如汽車界的勞斯萊斯。

　　牙買加獨立建國後，接受日本企業很多的援助，為了回報，與日本簽訂合約，九成咖啡全給日本市場，只將剩下的一成釋放到其他市場販售。

　　此外，藍山風光優美，在山間隨時可看到牙買加國鳥——紅嘴長尾蜂鳥及美洲最大的蝴蝶——牙買加燕尾蝶等。在牙買加不同面值鈔票上可看到牠們的美麗圖像。

【1牙買加元正面】

◎布斯塔曼特 Sir Alexander Bustamante(1884-1977)

牙買加第一任首席部長、第一任總理、牙買加工黨創始人、反對殖民統治主義者。

中間背景是牙買加國花──癒瘡木（鐵梨木）所開的花。

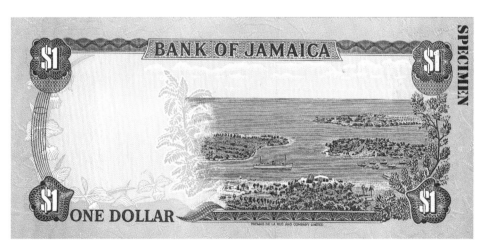

【1牙買加元背面】

◎安東尼奧港海港(Tropical Harbor)景觀

被稱為「地球上最美的港口」、「最精緻的海港」，有如一顆未經雕琢的寶石，鑲嵌在牙買加的

東北岸上。

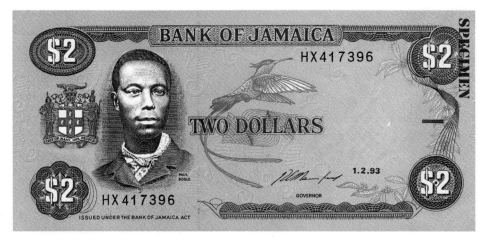

【2牙買加元正面】
◎保羅‧伯格勒 Paul Bogle(1822-1865)

基督教牧師。1865年，率領300名本地黑人奴隸參與莫蘭特灣反抗起義，英國派兵鎮壓，起義失敗被吊死。牙買加獨立後被尊為民族英雄。

中間背景是牙買加國鳥——紅嘴長尾蜂鳥(Red-billed Streamertrail)。

蜂鳥的特色是嗡嗡嗡像蜜蜂，身體可懸停在空中快速拍打翅膀。

【2牙買加元背面】
◎一群兒童，表達出牙買加是由多數人種所組合而成。國家格言是萬眾一心(Out of Many One People)。

【5牙買加元正面】

◎諾曼‧曼利 Norman Manley(1893-1969)

牙買加總理(1959-1962)。牙買加民族英雄、政治家、人民國家黨的創始人，帶領牙買加團隊和英國談判牙買加的獨立事宜。因為他的推動，使新憲法給予成年人全面投票權力。中間背景是重要的經濟作物——香蕉。

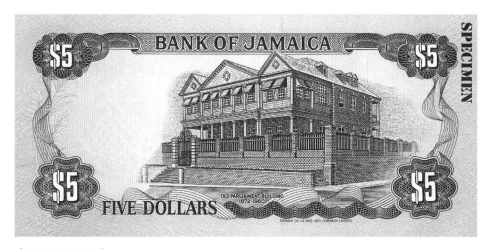

【5牙買加元背面】

◎1872-1960年牙買加舊議會大廈

【10牙買加元正面】

◎喬治·威廉·戈登 George William Gordon(1820-1865)

牙買加商人、政治家、民族英雄、民族主義者。

1865年，經濟混亂時期，身為一名富有的京斯敦商人，支持浸信會牧師保羅·伯格勒(Paul Bogle)（見2元正面人物）所領導的莫蘭特灣反抗起義。該起義失敗後，兩人都被處死。

中間背景是國徽。

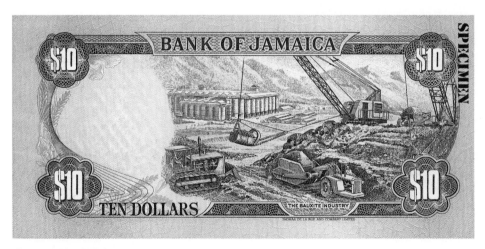

【10牙買加元背面】

◎氧化鋁冶煉廠，位在牙買加伊莉莎白區的南思。

牙買加是世界第四大鋁土生產國，年產量僅次澳大利亞、幾內亞、巴西。

【20牙買加元正面】

◎諾埃爾‧牛頓‧那打素 Noel Newton Nethersole(1903-1959)

牙買加第一任中央銀行總裁，被稱為「中央銀行之父」，是板球運動員、律師、政治家、經濟學家和牙買加財政部長。

將牙買加金融機構從皇家殖民地管理模式轉化為自治國家的現代機制的推動者。

中央背景是牙買加國旗。

【20牙買加元背面】

◎牙買加銀行總部大樓，位於牙買加首都京斯敦。

【50牙買加元正面】

◎山姆‧夏普 Samuel Sharpe(1801-1832)

牙買加國家英雄。反對奴隸制，平生反對暴力。主張學習印度聖雄甘地的抗爭方式，一些奴隸反
對他的和平計畫，燒了幾個莊園。政府派遣軍隊鎮壓，夏普被控訴叛亂，被判罪死於吊索之上。
中間背景是牽牛花(Morning Glory)。

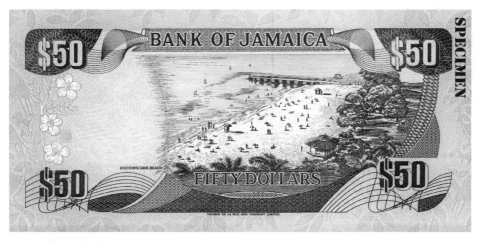

【50牙買加元背面】

◎位於蒙特哥灣(Montego Bay)的博士洞海灘(Doctor's Cave Beach)

世界聞名的海灘，迷人白沙灘，有美麗的自然景觀及人工建築的繁華地區。終年氣候極佳，號稱
世界十大海灘之一。

註：世界十大海灘排名：1.巴西里約海灘；2.夏威夷海灘；3.墨西哥坎克恩海灘；4.澳大利亞黃
　　金海岸海灘；5.牙買加尼格瑞爾海灘；6.美國佛羅里達海灘；7.泰國普吉海灘；8.菲律賓博
　　龍岸海灘；9.迦納利群島海灘 10.斐濟主島海灘。

【100牙買加元正面】
◎唐納德‧桑斯特爵士 Sir Donald Sangster(1911-1967)
牙買加獨立後成為第一任財政部長。1967年，擔任總理。
生平從殖民的英國政府手中取得對有關種族關係和議會政府的改革，有相當大的貢獻。
中間上方背景是牙買加島嶼的地圖。

【100牙買加元背面】
◎鄧恩河瀑布(Dunn's River Falls)，位於奧喬里奧斯市(Ocho Rios)附近。
整個瀑布高約55公尺，長180公尺。一階一階的形狀就像是結婚蛋糕，是著名的觀光勝地。

【500牙買加元正面】

◎南妮 Nanny of the Maroons(1685-1755)

牙買加民族英雄、「栗色牙買加」組織領導人〔栗色(Maroons)代表逃亡到牙買加的黑奴〕。她成為團結和力量的象徵，也是絕不屈服的化身。她冷靜且具備勇猛好戰的膽量和組織能力，巧妙地愚弄英國人，最後為了獨立而奮戰，壯烈犧牲。

中間背景是木槿花，美麗的熱帶花。

【500牙買加元背面】

◎牙買加羅亞爾港(Port Royal)的歷史建築，上方背景是羅亞爾港的歷史地圖。

【1000牙買加元正面】

◎邁克爾‧曼利 Michael Manley(1924-1997)

1974-1980、1989-1992年牙買加兩任總理。

主張發展和第三世界國家的關係，建立新的世界經濟秩序，是一位民主社會主義者。主政期間的許多措施對國家進步有重大的貢獻。

他的父親就是牙買加元5元上的肖像，總理諾曼‧曼利 Norman Manley(1893-1969)，父子倆人都成為總理，也都登上了鈔票。

背景右側上方是牙買加燕尾蝶(Jamaican Giant Swallowtail Butterfly)。

【1000牙買加元背面】

◎牙買加議院(Jamaica House)

牙買加為大英國協成員國，是加勒比海地區最大英語國，以前議會向英國女皇宣誓，現在改為向憲法宣誓。

【5000牙買加元正面】

◎休‧勞森‧希勒 Hugh Lawson Shearer(1923–2004)

牙買加政治家和工會主義者，牙買加第三任總理(1967-1972)

向聯合國提出建議，即1968年為「人權年」，這一建議被聯合國大會接受。

在總理的任期內，牙買加是個繁榮的時期，建造三座新的氧化鋁精煉廠，三個大型旅遊勝地。這六座建築形成牙買加礦業和旅遊業的基礎。開始建造從京斯敦到西班牙鎮城市的主要公路系統，並為牙買加每個兒童提供良好的教育。

【5000牙買加元背面】

◎牙買加2000年的高速公路鳥瞰圖，用來感謝希勒對牙買加公路系統的貢獻。

右側是形態清秀、美艷清香、盛開的雞蛋花，原產地在美洲，17世紀時才被引進到東方。

雞蛋花擁有強大的生命力，代表「孕育希望、復活、新生」，象徵著永生。

一鈔
一世界

1494年，哥倫布來此地。1509年，西班牙宣布為殖民地。1670年，割讓給英國。

原先住民印地安土著因戰爭、疾病、奴役而幾乎滅絕。1517年，來自非洲的販奴，黑人成為當地主體，鈔票正面人物源自黑人，背面有些是政治及歷史建築。　鋁土、咖啡、蔗糖及旅遊是牙買加經濟外匯收入的來源，所以鈔票背面看到鋁土開掘及度假聖地。1元、2元、5元、10元、20元現已改為輔幣，為讓讀者多認識牙買加，特將以前紙鈔呈現。

尼加拉瓜 勁歌熱舞
Nicaragua

首都：馬那瓜(Managua)
面積：130,370平方公里
人口：6,332,200人
貨幣：尼加拉瓜科多巴(NIO)　　1 USD ≒ 32.36 NIO

國旗中的藍、白、藍三道橫條是昔日中美洲聯邦的遺留，藍色代表加勒比海和太平洋，白色象徵正義與和平。中央徽章的五火山象徵昔日中美洲聯邦的成員，紅色的「自由之帽」象徵自由光芒，三角形象徵平等，周圍文字則是正式國名。

　　1522年，西班牙探險家Gil Gonzalez de Avila在此登陸，並以當地印地安酋長Nicarao為此地命名，1524年淪為西班牙殖民地；1838年4月30日，脫離中美洲聯邦。

　　尼加拉瓜是中美洲面積最大國家，典型的農牧業國家。主要生產棉花、咖啡、甘蔗、香蕉、肉類等。工商業不發達，溫暖的熱帶氣候、生物多樣性及活火山等都是旅遊景點。

【10尼加拉瓜科多巴正面】

◎尼加拉瓜首都馬那瓜(Managua)的著名景點──薩爾瓦多·阿連德市(Salvador Allende)。

2008年，為了紀念前智利總統薩爾瓦多·阿連德，以他的名字命名。此港口壯麗的風景由Chiltepe半島的山丘、美麗日落和完美氣候組成。

註：薩爾瓦多·阿連德(1908-1973)是社會主義者，智利前總統(1970-1973)，也是拉丁美洲第一任自由競選獲勝的總統。醫生出身，在1973年智利軍人政變中以身殉職。

【10尼加拉瓜科多巴背面】

◎精靈舞(La Vaquita)──馬那瓜守護神慶祝活動

在18世紀早期，融合原住民及西班牙殖民者的元素，以詼諧的喜劇方式來嘲諷當時的殖民政府。婦女穿著紅色繡襯衫，頭戴花卉帽，身前吊掛一面具或牛的頭畫，上面裝飾著不同顏色的織物。婦女伴隨Sones de Toros的音樂，邊跳舞邊遊行前進。

【20尼加拉瓜科多巴正面】
◎摩拉維亞教堂(Moravian Church)
位於拉古納珍珠湖畔(Laguna de Perlascated)，埃斯孔迪多河口的藍田灣。
18世紀中期，來自歐洲和北美的摩拉維(Moravian)傳教士，集中在尼加拉瓜的東海岸，建立教堂，還建立了學校，醫院和保健中心。

【20尼加拉瓜科多巴背面】
◎五月之樹舞蹈(Mayo Ya Festival)，源自加勒比海岸的黑人區。
被稱為尼加拉瓜最大的街頭派對。慶祝活動是由英國慶祝五一勞動節衍生，包括美食家聚會，藝術展覽和一系列比賽。在進入最後一個週六，轉化成一個巨大的狂歡節，在五月的最後一天進行傳統舞蹈Tululu，來告別五月的慶祝活動。

【50尼加拉瓜科多巴正面】
◎位於尼加拉瓜西部城市馬薩亞(Masaya)的手工藝市場(Artisan Market)
是尼加拉瓜最有名的高品質手工藝品市場。內容有吊床、松針籃、尼加拉瓜繪畫、石膏雕刻和皮革製品等，都是尼加拉瓜有名的手工藝，

【50尼加拉瓜科多巴背面】
◎具有尼加拉瓜地方特色的民俗芭蕾舞(Folkloristic Ballet)
在尼加拉瓜慶祝守護神活動的音樂和舞蹈中可看到，由本土元素和西班牙殖民統治元素結合而成。

【100尼加拉瓜科多巴正面】

◎格拉那達大教堂(Cathedral of Granada)

16 世紀外觀色彩豐富的大教堂，是市內的重要地標，具有哥德式、文藝復興和巴洛克元素。矗立在中央廣場(Central Plaza)，它是這個國家最宏偉的城市——格拉納達的象徵。

【100尼加拉瓜科多巴背面】

◎格拉納達著名標誌——一輛馬車和一位笑嘻嘻的車夫，奔走在鵝卵石街道上。

格拉納達建立於1524年。它以華麗的西班牙教堂、多彩的殖民地房屋和充滿活力的中心市場而聞名。

乘坐五顏六色的馬車造訪格拉納達城，是觀光客瀏覽城中美麗建築及景點的最好方式。

現旅遊業發展甚快，與咖啡、製糖並稱經濟三大支柱。

【200尼加拉瓜科多巴正面】

◎魯本‧達里歐國家劇院

坐落在首都馬那瓜，以尼加拉瓜19世紀最負盛名的詩人魯本‧達里歐為名的戲院。

此劇院是馬那瓜文化生活，包括音樂、戲劇和視覺藝術的主要場所。自古以來，尼加拉瓜人就喜歡稱自己的國家、建物是勇士和詩人的化身。

魯本‧達里歐被稱為拉美大陸的詩聖。他突破西班牙殖民時期的詩風，成功地將法國高蹈派和象徵主義揉進拉美詩歌，對20世紀西班牙文學與新聞具有偉大而持久的影響力。

【200尼加拉瓜科多巴背面】

◎拉美地區最有特色的帶有殖民時代特徵的諷刺劇艾爾‧圭根斯(El Güegüense)

它融合西班牙和原住民文化，結合戲劇、舞蹈和音樂，是拉丁美洲最獨特的殖民時期藝術，表達出反對殖民統治，每年都在聖塞巴斯蒂安節期間演出。

【500尼加拉瓜科多巴正面】
◎萊昂大教堂(Cathedral of Leon)
又稱聖瑪利亞大教堂。建於1747年至19世紀初，中美洲最大的大教堂，為巴洛克風格建築。
2011年，萊昂大教堂被評為世界遺產。許多著名尼加拉瓜人埋在這裡，比如詩人魯本‧達里
歐，在他生命中相當長的一段時間在萊昂度過，他的墓塚就安置在教堂聖壇的南側。
詩人阿方索‧寇特斯的墓塚也安放在教堂的南側。

【500尼加拉瓜科多巴背面】
◎位於馬拉瓜湖的湖中火山島──莫莫通博火山(Momotombo Volcano)

【1000尼加拉瓜科多巴正面】

◎聖哈辛托莊園歷史遺跡。1856年9月14日，尼加拉瓜人民在此擊敗了入侵的美國僱傭軍。

【1000尼加拉瓜科多巴背面】

◎192哩長的聖胡安(San Juan)河，源出最大湖——尼加立瓜湖，流經熱帶雨林，注入加勒比海。1884年原預定在此開拓運河，但因火山爆發頻繁，1902年轉向開發巴拿馬運河。

一鈔
一世界

1. 尼加拉瓜的鈔票正面大都是古建築，而背面放了不少舞蹈畫面，
在拉丁美洲尚有巴西的森巴舞、阿根廷的探戈、哥倫比亞的康比
亞舞及牙買加的雷鬼音樂。現行流通鈔票以斯里蘭卡及印尼整套
背面均是特色的舞蹈。在整個拉丁美洲，尼加拉瓜享有「詩人國
度」的美稱。夜幕時分，樂隊演奏著音樂，詩人朗讀詩歌，舞蹈
派對持續到朝陽染紅天空時才結束。

2. 1987到1990年間尼加拉瓜經歷最嚴重的通膨（正值內戰）：

　1987年前，貨幣最高面額是1,000科多巴(Cordobas)，1987年是
500,000科多巴。

　1988年，貨幣改革令1新科多巴取代1,000舊科多巴。

　1990年，最大幣值是10,000,000新科多巴。

　1991年，貨幣改革令1個金科多巴代替5,000,000新科多巴。

　惡性通膨整體影響：1金科多巴=5,000,000,000個1988年前的科
多巴。

◎所附鈔票可見 1985年的10Cordobas到1989年10,000Cordobas，直到1991幣
值改革，發行Centavos（金通都巴）。

3. 1Cordoba，1990年版：

右側是西班牙征服者　弗朗西斯科‧科多巴Francisco Cordoba(1475-1541)

征服尤卡坦半島，大航海時代歐洲航海家。曾參加征服古巴，後繼續深入尤卡坦地區，成為首位與馬雅人建立聯繫的歐洲人。獵捕美洲當地的居民成為奴隸。1524年，科多巴帶著229名士兵飄洋過海來到尼加拉瓜。在此建立兩座城市；格拉納達(Granada)以及獅子城(León)，獅子城是當時的首都。科多巴以此兩個城市為根據地，僅花一年時間，就把印地安人七、八百年累積的黃金全接收。他對尼加拉瓜的開疆闢土和建立有很大貢獻，為了紀念他，尼加拉瓜錢幣以 Cordoba 命名。

左側是美洲原生種玉米，它和馬鈴薯、地瓜、菸草、辣椒、可可透過新舊大陸大交換才得以散布到全世界，大大影響全球人口的成長。

巴拿馬 運河樞紐
Panama

首都：巴拿馬城(Panama)
面積：78,200平方公里
人口：4,157,200人
貨幣：美元

以十字線（代表天主教國家）分隔成四塊區域，代表巴拿馬位於南美洲、北美洲、大西洋、太平洋四個地域的交界。白底藍星代表忠誠和廉潔，右下方白底紅星代表法律的權威。此為第一任總統所設計。

1914年巴拿馬運河完工。縮短繞道麥哲倫海峽的航線，也促成轉口貿易的鼎盛，使巴拿馬有「雙洋橋梁」之稱。四大支柱——運河、金融中心、自由貿易區、船隊。

中美洲最南部的國家，國內巴拿馬運河連接大西洋及太平洋，劃分出南北美洲，擁有重要的戰略地位。境內擁有很多野生動物，是北美洲及南美洲野生動物品種的發源地。

巴拿馬於1903年自哥倫比亞獨立而成立巴拿馬共和國，使用的貨幣是哥倫披索，1904年6月巴拿馬與美國簽訂貨幣協議(Conueniomonetario)，雙方同意美元為巴拿馬流通貨幣，巴拿馬僅發行輔幣。

巴拿馬運河——世界橋梁

　　巴拿馬運河就是開挖原先位於巴拿馬中部的最大河流——查格雷斯河(Chagres River)，並在其上修建水壩形成一個內陸湖——加頓湖，貫通大西洋和太平洋，以便船隻通過而成的一條運河。但加頓湖的水位高出海平面26公尺，若要通過船隻，就必須上下升降，有如爬樓梯。從海洋到加頓湖需要通過三個閘門，每通過一個閘門上升約八公尺；從加頓湖到另一個海洋也要通過三個閘門，每通過一個閘門下降約八公尺。船隻每通過一個閘門，就必須從加頓湖放水，讓船隻可以慢慢上升或下降。經過這六道閘門，需時六到八個小時。

　　1999年年底，巴拿馬自美國收回運河的全部管理和防務權。

千里達 Trinidad

三位一體（中國譯名：特里尼達）

首都：西班牙港(Port of Spain)
面積：5,128平方公里
人口：1,383,200人
貨幣：千里達托巴哥元(TTD)　　1 USD ≒ 6.75 TTD

千里達國旗的紅色，象徵太陽及國民的活力，兩道白線代表構成國家的兩個主要島嶼，象徵種族平等，也代表大西洋及加勒比海；黑色表示黑人後裔。

千里達是一個小島，百年前哥倫布為了尋求東方的財富，登上美洲，千里達是他第三次西航時發現的。哥倫布登陸時看到三座山連在一地，就稱「三位一體島」。蘊藏豐富石油及天然氣，農業以糖為主，現致力工業發展如：石化及氨肥，也積極發展旅遊業。

西印度群島的最南端，有個大的海島特產蜂鳥。不遠處還有個海島盛產菸草。在當地印地安語裡，Trinidad 就是「蜂鳥之鄉」，Tobago 就是「菸草」。這兩個海島在擺脫英國的殖民統治後，成為一個國家，即 Trinidad and Tobago。

全國由兩個主要大島──千里達島和托巴哥島，以及另外二十一個較小島嶼組成。

【1千里達托巴哥元正面】

◎正中為國徽（每張鈔票正面均有之）。左側為美洲紅鸛(Scarlet Ibis)，隸屬鸛形目，鸛亞科朱
　鸛屬。整體為白色，但其翅膀、腹部至尾巴都呈粉紅色澤，頭頂、腳與爪皆為朱紅色，偏好啄
　食小蝌蚪、青蛙、稻田裡的泥鰍和小蟲子。

中間為國徽。盾徽上半部是黑色背景中左右對稱的兩隻蜂鳥，是該國的國鳥。下半部是三艘金色
的哥倫布時代的帆船，是對於哥倫布首次發現這兩座美麗海島的紀念。下方的山巒代表了千里達
島和托巴哥島。每張鈔票正面均有綬帶，書有國家格言「我們一起追求，一起成就」。兩側綴有
珍禽火烈鳥和長嘴朱鷺。

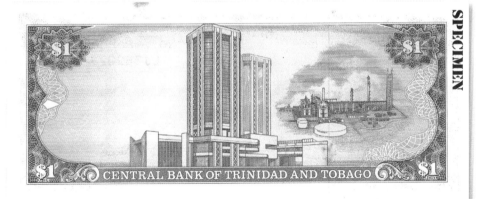

【1千里達托巴哥元背面】

◎中央銀行大樓，右側背景是利薩(Point Lisas)工業園區內的石油精煉加工廠。

【5千里達托巴哥元正面】
◎藍頂翠鴗(Blue-crowned Motmot)及國徽

左側的藍頂翠鴗，在美洲熱帶森林中常可見到，尾巴非常特別，中央尾羽共有兩條，靠近兩條主羽尖端的那些羽支和羽幹原本就連接得很疏鬆，再加上鳥嘴的不斷整理，羽支就塌下去，形成一條就像一對小型網球拍那樣的尾巴，這條尾常像鐘擺般，不斷擺動。

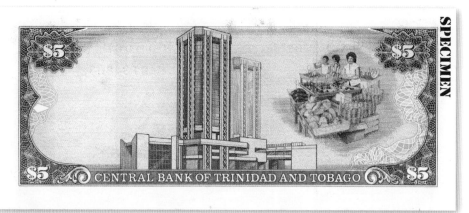

【5千里達托巴哥元背面】
◎中央銀行大樓，右側背景是集貿市場。

【10千里達托巴哥元正面】
◎棕臀冠雉(Rufous-vented Chachalaca)及國徽

【10千里達托巴哥元背面】
◎中央銀行大樓，右側背景是港口正在起卸貨櫃。

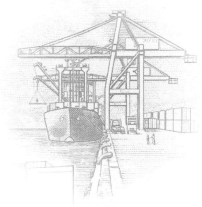

【20千里達托巴哥元正面】

◎銅色腰蜂鳥(Copper-Rumped Hummingbird)、國徽

蜂鳥只產於美洲，是全世界最小的鳥類，也是唯一能懸停在空中的鳥類。 最小型的蜂鳥只有兩公克重。蜂鳥因拍打翅膀的嗡嗡聲而得名。蜂鳥是唯一可以向後飛行的鳥，偶爾還會做出旋轉、倒飛等特技動作。蜂鳥由於身上的羽毛會折射與反射出金屬般的光澤，所以又有人稱為「飛行的珠寶」。蜂鳥是世界上最小的溫血動物。

【20千里達托巴哥元背面】

◎中央銀行大樓，右側背景為當地特殊的打擊樂器──鋼鼓(Steel Drum)演奏。

鋼鼓音樂有歐洲的和聲及旋律，有著非洲黑人強烈的節奏，及拉丁美洲熱情的韻味，它是融合三種文化背景所產生的最佳新樂種代表。鋼鼓是由盤子或油鼓所製成的可調音打擊樂器，用橡膠頭鼓棒敲擊。鋼鼓分為旋律、節奏和貝司等三類。可演奏的音樂相當多樣化，從古典音樂、圓舞曲到加力騷都發揮得淋漓盡致。

【50千里達托巴哥元正面】
◎左側是紅頂蠟嘴鵐(Red-Capped Cardinal)，紅色冠羽和對比強烈的羽色非常引人注目。
叫聲婉轉多變，因常豎起冠羽，又被取了小名──憤怒鳥(Angry Bird)。中間為國徽。

【50千里達托巴哥元背面】
◎中間為中央銀行大樓，右側背景為國家議會大樓（又稱紅樓）。

【100千里達托巴哥元正面】

◎大天堂鳥 Greater Bird of Paradise（拉丁名：Paradisaea Apoda）、國徽

大天堂鳥棲息於雨林的山麓，不善飛行，因陽光照射角度不同，產生不同程度的亮麗光澤，可稱得上是世界上最美麗的鳥。

雄鳥體羽和裝飾羽艷麗非凡，雌鳥卻羽色樸素。雄鳥同時具有泛金屬色澤的胸甲，求偶時會因炫耀而鼓起。

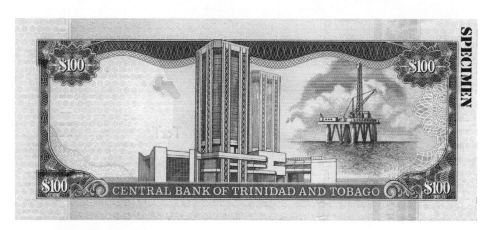

【100千里達托巴哥元背面】

◎中間為中央銀行大樓，右側背景為海洋石油鑽井平臺，在千里達的平緩傾斜層內，原油的蘊藏量相當豐富。

1. 千里達鈔票的正面始終都是國徽和該國的特色鳥類。
   鈔票背面則是中央銀行及該國代表景緻、市集、港口、工業區、石油井等。

2. 50元新版鈔票榮獲「國際紙鈔協會」IBNS選拔為2014年世界最佳鈔票，甚是難能可貴，可喜可賀。
   在2015年發行新的50元改用塑膠鈔，內容與原有不同，而後來系列鈔票將以此為藍本。

【50千里達托巴哥元正面】
◎左側為國徽，中間是一朵紅色木槿花，右側為透明視窗，融入飛翔的紅頂蠟嘴鵐。

【50千里達托巴哥元背面】
◎左側為視窗與正面同，中間為中央銀行，右側是身著狂歡節服裝的當地女性。

3. 千里達位於加勒比海南方，鈔票上有其特有之鳥。

　　50元鈔票還得IBNS 2015年度最佳鈔票。無獨有偶，在加勒比海
　　北端就是美國佛羅里達州南端，和美屬波多黎各、英屬百慕達
　　(Barmuda)合稱「神祕百慕達三角」。百慕達也發行一系列的小動
　　物鈔票，其中2元鈔票獲得2009年IBNS最佳年度鈔票。

　　讓我們來欣賞：百慕達「小動物」系列鈔票──

◎藍鳥(Blue bird)

◎藍槍魚(Blue Marlin)

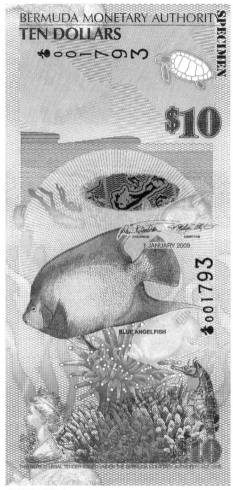

◎藍紋神仙魚(Blue Angel Fish)

◎青蛙(Whistling Frog)

◎白尾鸏(White-tailed Tropicbird)

◎北美紅雀(Northern Cardinal)

第三篇 南美洲 South America

- 南美洲在巴拿馬運河以南，最南端與南極洲相望，東濱大西洋　西臨太平洋，成椎狀。擁有世界最大的巴西高原，最大的亞馬遜平原，最長的安地斯山脈，還有全球面積最大的雨林，生長著許多極為珍貴的動植物。在南美洲擁有氣勢最雄偉的伊瓜蘇瀑布及落差最大的天使瀑布，是個非常迷人的大陸。

- 這裡還盛產咖啡、可可、橡膠等農產及銅、鋁、錫、銀、石油等礦產，西岸有豐厚漁獲。居民主要是混血人種，人稱1.麥士蒂索人(Mestizos)，是白人與印地安人混血兒。2. 穆拉托人(Mulattoes)，是白人與黑人混血兒。3.桑博人(Zambos)，是印地安人與黑人混血兒：

- 十五世紀中葉，建立北起哥倫比亞，南抵智利的印加帝國。

- 十六世紀，西班牙及葡萄牙人入侵南美大陸，所以其語言成為主要語言。十九世紀南有聖馬丁，北有玻利瓦解放南美各國，脫離西葡統治，美國勢力接踵而至。南美各國輸出廉價原料，進口昂貴工業產品，美國因地緣及實力，成為南美洲幕後霸主。

- 南美洲有12個國家，依英名文字母排列如下：
  1. 阿根廷 Argentina
  2. 玻利維亞 Bolivia
  3. 巴西 Brazil
  4. 智利 Chile
  5. 哥倫比亞 Colombia
  6. 厄瓜多 Ecuador
  7. 蓋亞那 Guyana
  8. 巴拉圭 Paraguay
  9. 祕魯 Peru
  10. 蘇利南 Suriname
  11.烏拉圭 Uruguay
  12.委內瑞拉 Venezuela
  以下就依序將各國鈔票一一解說。

南美洲

阿根廷 探戈高手
Argentina

首都：布宜諾斯艾利斯(Buenos Aires)
面積：2,780,400平方公里
人口：45,001,000人
貨幣：阿根廷披索(ARS)　　1 USD ≒ 38.15 ARS

國旗的淺藍和白色本是革命軍的軍服顏色。淺藍色象徵自由；白色象徵和平；黃日為「五月的太陽」，普天同慶。阿根廷首都是距離臺灣最遠的地方。

阿根廷是南美大國，工、農、牧都發達。在第一次世界大戰期間，還貴為世界七大富國(Big Seven)之一，而今失業率偏高，貿易赤字、外債不斷增加，總統下臺如走馬燈。肥沃的土壤、豐茂的草原，良好的氣候，建構阿根廷成為「世界的糧倉和肉庫」。阿根廷是世界糧食和肉類的主要生產和出口國，是世界第二大牛肉生產國。是南美洲最早獨立的國家，也是南美洲第二大國。高大的安地斯山、氣勢磅礴的伊瓜蘇瀑布、全球最大最美的大冰河國家公園、躍動身心探戈舞蹈，這些豐富的景色和文化，已成為國際觀光旅遊焦點。阿根廷是一個移民國家，歐洲裔占人口比例超過90%，絕大部分為西班牙裔及義大利裔。馬黛茶與足球、探戈、烤肉並稱阿根廷的四大「國寶」。

【1阿根廷披索正面】
◎卡洛斯‧佩列格里尼 Carlos Pellegrini(1846-1906)
1890-1892年擔任總統。在他的管理期間清理許多債務，創建阿根廷國家銀行。
任期結束後，在1895年和1903年擔任參議員。

【1阿根廷披索背面】
◎阿根廷國會大廈。白色大理石牆面，帶雕飾的希臘式立柱環繞整個建築。大廈正中是一座穹頂
　塔樓，塔身半腰處有一輛凌空欲飛的青銅馬車，甚為壯觀。

【2阿根廷披索正面】

◎巴托洛梅‧米特雷 Bartolome Mitre(1821-1906)

1862-1868年就任總統，結束國家獨立後長期的分裂和動亂。米特雷是依據憲法選出的第一任總統，也是第一位平民總統。指揮阿根廷、巴西、烏拉圭軍隊對巴拉圭的戰爭，一戰功成。發展公立學校制度，建立技術和職業學校，抵制獨裁，加速工業和農業增長，發展交通運輸。

【2阿根廷披索背面】

◎米特雷博物館(Musée Mitre à Buenos Aires)

博物館致力於蒐集阿根廷歷史文物和巴托洛梅‧米特雷的生平資料。

【5阿根廷披索正面】

◎何塞・德・聖・馬丁Jose De San Martin(1778-1850)

阿根廷將軍、阿根廷國家獨立的締造者，為實現阿根廷、智利、祕魯等國的獨立和解放，建立了不朽功勳。阿根廷、智利和祕魯三國共尊為「祖國之父」。

1822年，在瓜亞基爾議會進行祕密會談，共商重大的軍政問題，因意見和玻利瓦分歧，會後返回祕魯，辭去護國之公職，卸下指揮權後，引退赴歐終老。

【5阿根廷披索背面】

◎安地斯軍團紀念碑（位於門多薩市）

此碑紀念1817年聖馬丁將軍率領安地斯軍團翻越安地斯山進軍智利的情景。

【10阿根廷披索正面】
◎曼努埃爾·貝爾格拉諾 Manuel Belgrano(1770-1820)
阿根廷獨立戰爭中軍事領導人、經濟學家、律師、政治人物、阿根廷國旗的設計者。
1810年，新國旗在帕薩赫河沿岸砲兵陣地誕生並獲得通過。
1938年，阿根廷議會決定將他6月20日逝世日，訂為「國旗日」。

【10阿根廷披索背面】
◎阿根廷羅薩里奧市(Rosario)的國旗紀念碑
是全世界唯一為國旗建造的紀念碑。柱子底下是放置國旗設計者Belgrano 骨灰的地窖，每年阿根廷新兵入伍，在此向國旗宣示效忠國家，成為傳統儀式。

【20阿根廷披索正面】

◎胡安・曼努埃爾・德・羅薩斯 Juan Manuel de Rosas(1793-1877)

阿根廷軍事和政治領導人。綽號「法律的恢復」，是位以暴力攫取並靠暴力維持地主資產階級統治的獨裁軍人。統治期間，殘酷鎮壓各地反獨裁鬥爭，利用特務監視和暗害政敵。支持地主，侵吞國有土地，恢復教會特權，派員警管理教育。

1829-1852年統治阿根廷。發動討伐南方印地安人的「荒漠遠征」。企圖吞併烏拉圭和巴拉圭，派兵侵入烏拉圭。

1852年，卡塞羅斯戰役中，被聯軍擊敗，逃亡英國。

【20阿根廷披索背面】

◎La Vuelta de Obligado戰役

羅薩斯執政時期，英法聯軍為干預阿根廷與烏拉圭政局，1845年入侵阿根廷巴拉那內河，阿根廷聯邦部隊奮勇擊退入侵巴拉那河的英法海軍，保護阿根廷人民的民主自由，維護了國家主權。為紀念該戰役的勝利，每年11月20日為阿根廷主權日。

【50阿根廷披索正面】

◎多明戈‧福斯蒂諾‧薩米恩托 Domingo Faustino Sarmiento(1811-1888)

1868至1874年擔任總統。曾周遊列國，學習歐美教育措施，回國後致力改善阿根廷教育。

修建了一百個公立圖書館，使教育環境大為改善，並促進經濟發展，為國家進步奠定基礎。

著作《法昆多》(Facundo)，言及19世紀之歐洲文明與拉丁美洲文化的對話。

【50阿根廷披索背面】

◎位於布宜諾斯艾利斯的五月廣場，紀念1810年5月革命中獻身的革命烈士。

裡面建築是阿根廷總統府──玫瑰宮(Casa Rosada)。玫瑰色是融合紅、白左右派別。曾在國際旅遊網站「When on earth」被評選為全世界最有特色的總統府。臺灣的總統府、美國的白宮也曾入選。

【100阿根廷披索正面】
◎胡利歐‧阿根提諾‧羅卡 Julio Argentino Roca(1843-1914)
兩度擔任阿根廷總統(1880-1886, 1898-1904)。十五歲就加入阿根廷軍隊,一生豐功偉業,參與過多場戰役。主張外國勢力不能用武力搜刮美洲國家的財產和占據領土。近年來有團體指責他必須負起殺害印地安原住民的罪責。

【100阿根廷披索背面】
◎烏拉圭油畫《羅卡將軍征服內格羅河》
現藏於布宜諾斯艾利斯國家歷史博物館。此作品描繪的是在1879年5月25日阿根廷獨立日這一天,羅卡將軍帶領著他的軍隊在內格羅河(Negro River)的河岸上舉行慶典儀式的場面。 羅卡將軍曾指揮「征服荒漠」的軍事行動,殺害或驅逐大批印地安原住民,惡名昭彰。

一鈔
一世界

1. 阿根廷鈔票的背面，有許多富有歷史背景的建築或雕像、畫像，都與他們歷屆總統和對戰爭有貢獻的領袖息息相關，阿根廷人民總以這些歷史人物為榮。獨立戰爭對阿根廷人來説，是相當重要的時刻；過去人民勇於集體抗戰，而今日阿根廷也一樣團結愛國，偉大的情操令人動容。

2. 1983年版是鼎鼎有名的伊瓜蘇瀑布，位於巴西、阿根廷與巴拉圭交界，急流或瀉瀑，蔚為壯觀，是世界三大瀑布之一。
   世界三大瀑布指巴西、阿根廷交界的伊瓜蘇瀑布（世界上最寬）、東非尚比亞和辛巴威交界的維多利亞瀑布以及美國加拿大交界的尼加拉大瀑布，三者都是跨國瀑布。

3. 介紹兩張對阿根廷極富意義之紀念鈔：
   (1) 2012年發行100披索紀念鈔。
   (2) 2015年發行50披索紀念鈔。

1944年，貝隆49歲，艾薇塔25歲，邂逅了貝隆上校。艾薇塔與貝隆相戀結婚，成為貝隆第二任夫人。那時「貝隆主義」掀起強勁的政治風暴，貝隆上校被關進監獄。艾薇塔慷慨激昂的走向街頭，説「你們的苦楚，我嘗過；你們的貧困，我經歷過。貝隆救過我，也會救你們。貝隆會支持窮人，愛護窮人。」當局被迫釋放貝隆。出獄後，貝隆第一句話：「感謝艾薇塔！感謝人民！」

1946年貝隆當選阿根廷總統。就職當天，人民高呼「艾薇塔」的
聲音超過「貝隆」。艾薇塔27歲位居「第一夫人」。艾薇塔從事
社會救濟、改善勞工待遇、推廣教育，四處奔走，前往工廠、醫院
和孤兒院，並慰問底層人民，發誓一定要改善人民的生活，為窮人
吶喊，成為「窮人的旗手」。在人們的眼裡，她是女神和救世主！
她訪問歐洲各國，稱為「彩虹之旅」。獲得「阿根廷玫瑰」、「苦
難中的鑽石」等稱號。為阿根廷女人爭取到投票權，建立醫院和學
校，設立 「第一夫人」基金會與窮人救助中心。在阿根廷各大城市
演講「貝隆主義」，說：「我要為窮人燃燒自己的生命！」

1949年初，艾薇塔被確診得子宮癌，人們進教堂為她祈求平安。
1952年重病纏身，出席丈夫第二次的就職典禮，7月26日晚，對貝
隆說：「小瘦子走了。」這一年，她只有33歲。阿根廷國家電臺宣
布：「艾薇塔・貝隆──國家靈魂，民族的精神領袖，逝世。」艾
薇塔走了，舉國哀傷，70萬人向艾薇塔的靈柩致哀。阿根廷人從四
面八方湧向首都，只為送別他們心目中的「玫瑰」。

後來艾薇塔的故事編成歌劇，就是鼎鼎有名的「阿根廷，請別為我
哭泣」(Don't cry for me Argentina)。

艾薇塔成為20世紀最富傳奇的女性，2012年，是她逝世60周年，特
別發行100 Pesos紀念鈔。

◎伊娃・貝隆 María Eva Duarte de Perón(1919-1952)
阿根廷前總統胡安・多明戈・貝隆的第二任妻子。

◎福克蘭群島（西班牙語：Islas Malvinas）、南喬治亞島和南桑威奇群島。
1982年3月19日，阿根廷軍隊率先登陸南喬治亞島，並且升起阿根廷國旗。4月2日對福克蘭群島發動進攻。英國軍隊發動反擊，收復福克蘭群島。同年6月14日與英國簽訂停戰協議。英國透過本次戰爭重新控制福克蘭群島，但是阿根廷從未放棄對該群島的主權訴求。

4. 現在阿根廷正改換新鈔，已發行流通者有5，10，20，200，
   500，1000 Pesos，茲簡介如下：
   自20Pesos以上不再是傳統政治人物或民族英雄，而是回歸自然，5及10Pesos將以輔幣出現。

【5阿根廷披索正面】
◎何塞・德・聖馬丁José de San Martín(1778 –1850)
阿根廷將軍、南美洲思想家、政治家、南美西班牙殖民地獨立戰爭的領袖。將南美洲南部從西班牙統治中解放，與西蒙・玻利瓦一起被譽為美洲的解放者。

【5阿根廷披索背面】

◎有四位英雄：José Artigas何塞·阿蒂加斯，烏拉圭獨立之父；Simón Bolívar西蒙·玻利瓦，南美洲獨立鬥爭中最重要的革命領袖；José de San Martín何塞·德·聖馬丁，阿根廷獨立之父；Bernardo O'Higgins貝爾納多·奧希金斯，智利獨立領導人。

【10阿根廷披索正面】

◎曼努埃爾·貝爾格拉諾 Manuel Belgrano將軍(1770-1820)

阿根廷獨立戰爭中軍事領導人、經濟學家、律師、政治人物。阿根廷國旗的設計者。

【10阿根廷披索背面】

◎騎馬的曼努埃爾·貝爾格拉諾將軍（阿根廷國旗的設計者）和獨立女英雄胡安娜·阿祖杜迪(Juana Azurduy)。

2016年發行「阿根廷動物群」的新鈔票系列中，正面圖像阿根廷已經不再採用民族英雄，改用動物的圖像，而背面則顯示其居住的棲息地 。鈔票用來慶祝生活，展望未來，從莊嚴轉變為歡樂，促進聯邦制。

【20阿根廷披索正面】
◎巴塔哥尼亞草原的原駝(Lama Guanicoe)，體型與羊駝類似，耳朵細小直立。圖中的花是花瓣花(Flower Petal)及玫瑰(Compass Rose)。

【20阿根廷披索背面】
◎巴塔哥尼亞高原景色。巴塔哥尼亞高原是阿根廷最大的沙漠，世界第七大沙漠。背景中央是阿根廷、南極洲和南大西洋群島的地圖。

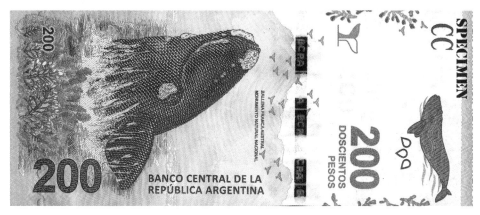

【200阿根廷披索正面】
◎南露脊鯨。約有10,000頭南露脊鯨散佈在南半球南部。

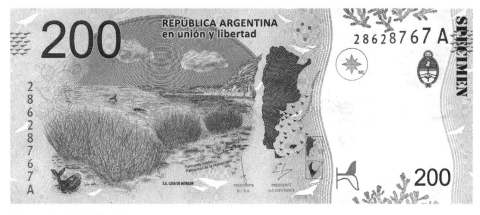

【200阿根廷披索背面】
◎左側是瓦爾德斯半島(Peninsula Valdes)景色，中間圖像是阿根廷和阿根廷海，南極洲和南大西洋群島的地圖，南露脊鯨生活在此南半球的溫寒帶海域 。因為此區域有大量的浮游生物、海藻和貝類提供了良好的生存環境，而它們成為海洋野生動物充足的食物來源。

【500阿根廷披索正面】

◎位於阿根廷東北部區域的獵豹(Jaguar)。左側是玫瑰(Compass Rose)。

【500阿根廷披索背面】

◎獵豹和小獵豹在森林中小河景像。中間圖像是阿根廷和阿根廷海，南極洲和南大西洋群島的地圖。

【1000阿根廷披索正面】
◎阿根廷國花賽波花和國鳥棕灶鳥

【1000阿根廷披索背面】
◎阿根廷中部地區的彭巴草原(Pampa)，中間圖像是阿根廷和阿根廷海，南極洲和南大西洋群島的地圖。

玻利維亞 高原國度
Bolivia

首都：拉巴斯(La Paz)
面積：1,098,581平方公里
人口：11,317,400人
貨幣：玻利維亞諾(BOB)　　1 USD ≒ 6.9 BOB

國旗的紅、黃、綠三色橫條紋分別代表國家、資源、森林，其中黃色代表礦產，紅色代表獨立運動所流的血。中央國徽的「蒼鷹」是安地斯山特產的國鳥。非正式場合時，國旗沒有國徽，恰與非洲衣索比亞國旗相反。

玻利維亞本來是西班牙的殖民地，拉美民族獨立領袖 Bolivar 解放了這裡。為了紀念他，把國名就定為他的名字玻利瓦Bolivar，後來演變成 Bolivia。

玻國是世界的礦業出口國，包括錫、銀、鋅，並在尤尼鹽湖(Uyuni Salt Flat)發現蘊藏全球80%的鋰礦。另外，古柯鹼是其重要作物。建國以來，一直困於獨裁、政治不穩和經濟不佳，是南美最貧窮的國家，與巴拉圭同為內陸國。擁有豐富的石油和天然氣以及礦藏，還擁有印加帝國的遺址觀光資源，但全國經濟卻不見起色，因此被稱為「坐在金椅子上要飯的乞丐」或「坐在金礦上的驢」。玻利維亞位於大片高原之上，有「南美的西藏」之稱。是世界平均海拔最高的高原國家。的的喀喀湖是世界海拔最高的湖泊，高3,827公尺。蘇克雷是玻利維亞憲法首都和司法首都。拉巴斯則是玻利維亞的行政首都，海拔高度超過3,600公尺，為世界海拔最高的首都。（南美高地都會尚有厄瓜多的基多2,850公尺，哥倫比亞的波哥大2,644公尺，祕魯的庫斯科3,399公尺）

【5玻利維亞諾正面】

◎阿黛拉‧薩穆迪奧 Adela Zamudio(1854-1928)

玻利維亞最有名的女詩人、女權主義者和教育家。其詩歌和小說主要述說玻利維亞的社會鬥爭，推廣女權運動。文章內容表達強烈的珍惜生命之意，影響許多女性，並得到人民共鳴。

【5玻利維亞諾背面】

◎玻利維亞最古老的教堂索卡翁聖母教堂(Virgen del Socavon)

聖母是奧魯羅當地人供奉的礦工守護神。這裡最初為本地印地安Uru族人的祭祀地點，西班牙殖民者來到此地時，曾將聖母塑像放置在這裡。

【10玻利維亞諾正面】

◎塞西・古茲曼・羅哈斯 Cecilio Guzmande Rojas(1899-1950)

玻利維亞著名的印地安土著畫家。畫像中可以感受到充滿印加殖民期間的生活特性，透露出許多當時的印加社會特徵，從他的作品「大自然的勝利」和「親吻偶像」可印證。

【10玻利維亞諾背面】

◎花冠女神紀念碑

背景的城市是玻利維亞的第三大城市──耶穌之城科恰班巴(Cochabamba)。

1812年，科恰班巴市的山上，有一群婦女聚成抵抗隊伍，試圖阻止西班牙何塞・曼努埃爾・德Goyeneche部隊的進攻，最後造成數位婦女成仁。獨立後建此紀念碑以紀念。

【20玻利維亞諾正面】

◎潘塔萊翁‧達倫斯 Pantaleon Dalence(1815-1892)

玻利維亞最高法院院長，司法之父。制定許多法律條文，並且不斷的付出行動來對抗貪汙。將政府的權力分立，使國家權能區分，避免弊案發生。

【20玻利維亞諾背面】

◎在塔里哈(Tarija)的黃金議院(Golden House)

1903年建成的黃金議院，有高度對稱的設計，著名的門面之美。現在這棟宏偉的建築已成博物館，時常舉行音樂會、國家和國際鋼琴藝術節、繪畫和攝影展覽。

【50玻利維亞諾正面】

◎佩雷茲‧德‧奧爾金 Melchor Perez de Holguin(1665-1724)

巴洛克時期的畫家，代表作有《最後的審判》、《教會的勝利》。

【50玻利維亞諾背面】

◎孔帕尼亞塔(Torre de la Compania)

波托西市的地標性建築，是一座修建於18世紀的巴洛克與玻利維亞本土印地安藝術相融合的建築物，底部大門門廊和石柱雕刻裝飾極為美觀。鐘樓塔酷似古羅馬凱旋門，內有旅遊中心。

【100玻利維亞諾正面】
◎加布里埃爾‧雷尼‧莫雷諾 Gabriel Rene Moreno(1836-1908)
玻利維亞國際傑出作家、史學家及評論家。將所學發揮在玻利維亞國家圖書館上，蒐集所有種類的書籍，運用關鍵字，編排書籍的目錄，大受民眾喜愛。此舉對玻利維亞人公共設施帶來一大創舉及貢獻。

【100玻利維亞諾背面】
◎Gabriel Rene Moreno 大學 ，此大學以 Gabriel Rene Moreno 的名字命名。
以紀念他對國家文化、教育的貢獻。

【200玻利維亞諾正面】

◎弗朗茲‧塔馬約 Franz Tamayo(1878-1956)

玻利維亞著名的詩人和哲學家，玻利維亞20世紀文學的核心人物。

常在報紙上創作詩詞，以現代主義風格為主，在玻利維亞風靡一時，許多作品至今仍廣受讀者喜愛。

【200玻利維亞諾背面】

◎蒂亞瓦納科(Tiahuanaco)文化遺址

位於玻利維亞的的喀喀湖邊（是世界海拔最高的湖泊，高3,827公尺），是安地斯文明時期所建立的重要古老建築群，築砌整齊，太陽門及人形石柱為其代表。全盛期為公元500年至1000年之間，令人驚嘆的古印加古蹟，被宣布為世界文化遺產。

1. 這是一個充滿藝術氣息的國家，人們不但對早期的藝術家相當推
   崇，還藉由許多活動慶典來紀念歷史，文化是他們最珍貴的產
   物，從歷史中的人物、產物，可以了解不少他們的過去。由許多
   文物古蹟看出他們對「美」的表現不餘遺力的保護。這些不知已
   經過多少風吹雨打的建築物，依舊如昨日一般珍貴。

2. 玻利維亞曾在1984-1986年發生嚴重通貨膨脹，從最高值鈔票可
   知一二。1984年之前最高值為1000披索，1984年當年發行最高值
   10萬披索　1985年則發行500萬，甚至1000萬。直到1987年貨幣
   改革，名稱Boliviano（玻利維亞諾）取代Pesos（披索）。與美元
   掛勾，才穩定下來，鈔票用了30多年。

◎1000 Pesos Bolivianos（1982年版）

◎100000 Pesos Bolivianos（1984年版）

◎5,000,000 Pesos Bolivianos（1985年版）

3. 玻利維亞央銀決定自2018年底陸續推出新版鈔票，包括原有的
10,20,50,100,200玻利維亞諾，同時新增500鈔票，以利大額交易
需要。正面為原住民及戰爭時期的英雄人物，背面為玻利維亞的
風景或特有的動物。新鈔有11種防偽措施。

【2018年版10玻利維亞諾正面】

◎右側是三位國家英雄 José Santos Vargas(1796-1853)、Apiaguaiki Tupa(1863-1892)、Eustaquto Méndez(1784-1841)。中間背景是托羅托羅國家公園的Umajalanta 洞穴(Cavern)。

【2018年版10玻利維亞諾背面】

◎背景是烏尤尼鹽湖(Salar de Uyuni)的景觀及巨型蜂鳥—雲雀(Giant Hummingbird)。右端為Puya raimondi的鳳梨科植物。

巴西 世界之肺
Brazil

首都：巴西利亞(Brasilia)
面積：8,514,877平方公里
人口：214,525,000人
貨幣：巴西雷亞爾(BRL)　　1 USD ≒ 3.92 BRL

GAROUPA

國旗的綠色象徵亞馬遜熱帶雨林——世界之肺；黃色象徵豐富的礦產，如金礦、鐵礦、寶石；黃色菱形內的藍色圓形代表南半球的天空。圓球中畫有以南十字星為中心的二十七顆星，代表首都與二十六個州，中間有葡萄牙文「秩序與進步」的字樣。巴西是世界大國，人口面積都是世界第五，也是金磚四國之一。里約及聖保羅是南半球兩大都市。巴西有世界最大瀑布及水壩，也是很有名的「足球王國」。

1500年，葡萄牙航海家佩德羅·卡布拉爾(Pedro Cabral)艦隊意外偏航，在巴西今天的Porto Seguro上岸，巴西自此成為葡萄牙的殖民地。

16世紀中，葡萄牙人在新大陸上萃取「Pau Brasil」，也就是「巴西木」的紅木汁液當作染料。Brasil因而成為巴西國名。

16世紀末，巴西東北部開始生產蔗糖，黑奴大量輸入巴西。

巴西是全球第二大鐵礦砂出口國，鋁土的出產也僅次於澳洲，更是世界上最大的咖啡生產國和出口國。

二戰時，日軍為何不進占澳門

　　從1937年到1945年，日本占領約半個中國，還占領被英國控制的香港，並進占美國、法國、荷蘭、英國殖民的東南亞諸國，但為何唯獨不進攻澳門？巴西是全球擁有最多海外日本人的國家，澳門當時是葡萄牙殖民地，葡萄牙曾是巴西的宗主國，兩國的關係有如英、美關係。葡萄牙要巴西幫忙：「跟日本說假如進攻澳門，巴西就將國內200多萬日裔趕回日本」。二戰爆發時，日本經濟不景氣，大量勞動力失業，200多萬人假若被趕回日本，將造成社會大問題，因而打斷日軍攻打澳門的念頭。

【各種面額鈔票正面】
◎巴西共和國的代表符號──共和國肖像
巴西女神，頭戴羅馬式月桂樹葉環的年輕婦女形象。受法國第二共和國影響，這種女性肖像成為19世紀共和制度的象徵（如法國的「瑪麗安娜」）。
1889年，巴西宣布成為共和國，巴西女神成為國家的重要象徵之一。

【1巴西雷亞爾正面】

◎藍喉蜂鳥(Sapphire-spangled Emerald)

分布在南美洲。羽毛會折射與反射出金屬般的光
澤，如「飛行的珠寶」。心跳每分鐘500下，新陳
代謝很快，需補充極大能量以維持生命，每天造訪
百千朵花蒐集花蜜，平均壽命3-4年。

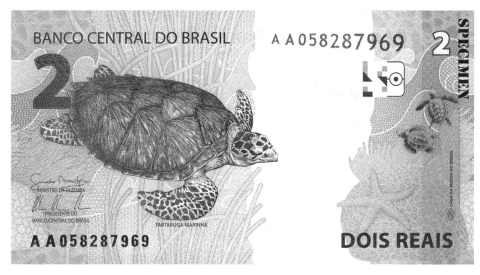

【2巴西雷亞爾背面】

◎玳瑁(Hawksbill Turtle)

玳瑁為了啃食珊瑚礁裡的海綿，演化出長長的臉以及老鷹一般的嘴喙，以肺呼吸，生活在海洋中，產卵時會回到陸地上。和陸龜不同的是，海龜不能將頭及四肢縮到殼內。

【5巴西雷亞爾背面】

◎大白鷺(Great Egret)

體長90公分，白鷺屬中最大，白色，繁殖期間全部或部分會變成黑色，發出呱呱叫聲。主要棲息於沼澤、水田、池塘及溪流等水域，以魚、昆蟲、兩生類等為主食，也稱「風飄公子」。

巴西有世界最廣闊的亞馬遜河流域，到處都可見成群結隊的鷺鷥，蔚為奇觀。

【10巴西雷亞爾背面】
◎綠翅金剛鸚鵡(Green-winged Macaw)
生活在拉丁美洲，群體行動。巴西的熱帶雨林環境正好適合他們生存，在這裡醞釀出許多複雜的
品種，成為一大特色。體型大，正常壽命為70歲以上。很聰明，稍微訓練就會表演。喜歡在椰
子樹上作巢。這種鳥喜歡大空間，不喜被關，臺灣有許多人喜歡飼養這種鸚鵡。

【20巴西雷亞爾背面】
◎黃金獅面猴(Golden Lion Tamarin)
生長在巴西潮濕的熱帶雨林，瀕臨絕種的生物。整個面孔、頭頂和臉頰、喉頭佈滿金色鬃毛；擁
有鋒利的爪子，尾巴和前爪為黑色，適合密集的樹林生活。

【50巴西雷亞爾背面】

◎美洲豹(Jaguar)

多為橘黃色，頸部及頭部有斑點狀或碎片狀的圓環跟玫瑰斑，而玫瑰斑中又有斑點。有游泳爬樹能力，喜住溪邊、沼澤及密集的樹林裡，藉由遮蔽物襲擊獵物，是動物界的短跑健將。

【100巴西雷亞爾背面】

◎東大西洋石斑魚(Dusky Grouper)

常見於東大西洋，全長可達1.4公尺，出沒於沿海的礁石叢中和深達數百公尺的海底，不害怕人。

1. 巴西鈔票正面是一系列的共和雕像，一雷亞爾已成輔幣。鈔票背面介紹巴西獨特的奇禽異獸，巴西是拉丁美洲自然條件最優越、物種最豐富的國家，充滿生命力與熱情。

2. 此處介紹巴西兩張重要的紀念鈔：

　　(1)《發現巴西500周年　1500-2000塑膠紀念鈔》

【發現巴西500周年紀念鈔正面】

◎佩德羅‧阿爾瓦雷斯‧卡布拉爾 Pedro Álvares Cabral(1467-1520)，巴西發現者。

【發現巴西500周年紀念鈔背面】

◎巴西各族（混血）人民臉譜

在巴西國際機場大廳，有段標語「這裡沒有黑人、白人、黃人，只有巴西人」。

巴西是民族大融合的國度。

(2)《巴西獨立150周年　1822-1972紀念鈔》

1808年，拿破崙大軍占領葡萄牙，王室避難巴西。

1821年，王室返葡，王子佩德羅留巴西攝政。

1822年，宣布脫葡獨立。

【巴西獨立150周年紀念鈔正面】
◎五個不同顏色印出五種不同種族的肖像

【巴西獨立150周年紀念鈔背面】
◎巴西五張不同歷史時代的地圖。從發現巴西沿岸到深入征服亞馬遜河及周邊地區。巴西面積為
　世界第五大國。

3. 巴西自1986年到1994年因通膨，貨幣經過三次變換，通膨才告控制：

(1)1989年巴西發行新貨幣Cruzado Novo（見本頁1000元鈔），幣值轉換　1 Cruzado Novo = 1000 Brazilian Cruzado。流通時間1989-1990年間。

(2)1990年新貨幣改為Cruzeiro，與 Cruzado Novo 1:1兌換。

(3)1993年發行新貨幣 Cruzeiro Real（見次頁50000元鈔），幣值轉換為 1 Cruzeiro Real = 1000 Cruzeiros，只流通了1年半。

(4)1994年發行到現在流通使用的新貨幣 Brazilian Real（見次頁1元鈔），1 Brazilian Real = 2,750 Cruzeiro Real。

◎1989年版巴西文學家—若阿金‧阿西斯 Joaquim Assis(1839-1908)

◎1993年版巴西作家—卡馬拉‧卡斯庫多 Camara Cascudo(1898-1986)

◎1994年版Real紙鈔巴西女神

4. 從一張油畫說起：

　　畫面顯示亞馬遜河流域正由拉美兩位征服者葡萄牙和西班牙劃分歸屬界線。

亞馬遜河

　　法蘭西斯科‧德‧奧雷亞納是西班牙征服者，第一位全程航行亞馬遜河的人。

　　1542年奧雷亞納在亞馬遜河流域探險時，遭到成群好鬥的當地部落婦女的攻擊，以為遇到希臘神話中的亞馬遜女戰士，所以將大河命名為亞馬遜河。

　　亞馬遜河是世界流量、流域最大，支流最多，世界第二長的河流。

◎1962年版巴西畫家 Antônio Parreiras(1860–1937)在1907年所創作之油畫《征服亞馬遜河》(A Conquista do Amazonas)

5. 伊瓜蘇瀑布(Iguazu Falls)：

它是世界最寬大的瀑布，位於阿根廷與巴西邊界上伊瓜蘇河與巴拉河合流處。

1984年列為世界自然遺產，在阿根廷的「一鈔一世界」曾出現過，兩國景色截然不同，各有感受。筆者的參觀經驗是，上午在巴西看，下午轉到阿根廷看。

◎伊瓜蘇瀑布(Iguazu Falls)

智利 狹長之國
Chile

首都：聖地亞哥(Santiago)
面積：756,102平方公里
人口：18,622,200人
貨幣：智利披索(CLP)　　1 USD ≒ 684 CLP

© BANCO

智利國旗為美國志願軍查理所設計，有星條旗的味道。藍色是蔚藍的海洋和天空；白色是安地斯山的白雪（印地安語的智利就是白雪）；紅色象徵爭取獨立的熱血；五角星是進步和統一。

智利比起中南美其他國家，有更好的經濟、教育、醫療。以礦業出名，如硝石、銅、鋰均居世界之首，也是魚料的出口國。

智利是世界最狹長的國家，位於安地斯山脈與太平洋之間，南北長4,300多公里，，東西平均寬度卻只有200公里，有「絲帶國」稱號。北部是世界最乾旱、百年才下一次雨的阿塔卡馬沙漠；中部田園是葡萄酒王國的經濟中心；南部巴塔哥尼亞充斥著森林、湖泊、峽灣、冰川；東部是綿延不絕，高度近7,000公尺的雪山；而最西部是4,000公里外太平洋中，有古文明遺留上千座摩埃石雕像的神祕島嶼──復活節島。

由於地處美洲大陸的最南端，與南極洲隔海相望，智利人常稱自己的國家為「天涯之國」。

種族以歐洲白人、混血族群居多，該國幾乎沒有非洲裔人口。

【1000智利披索正面】

◎伊格納西奧‧卡雷拉‧平托 Ignacio Carrera Pinto(1848-1882)

拉翁之戰的英雄。

在1879-1883年南美太平洋戰爭中，智利和玻利維亞、祕魯爭奪阿塔卡馬荒漠硝石產地，智利打敗玻祕聯軍。伊格納西奧的77人部隊守著拉翁小鎮，被400個祕魯士兵和大量土著攻擊，部隊為保衛國土不降，終因寡不擊眾，彈盡糧絕，全體壯烈犧牲。

此戰役的人員被尊為智利太平洋戰爭(The Battle of La Concepción)中「拉翁之戰的英雄」。

每張鈔票的背景都是智利風鈴花(Chilean Bellflower)（國花）。

【1000智利披索背面】

◎智利百內國家公園(Parque Nacional Torres del Paine)內的石林以及羊駝

公園以眾多的冰川和直聳雲霄的花崗岩山峰聞名。

被國家地理雜誌評選為「50個一生必須去的地方」之一，其豐富的動物物種被聯合國授予「世界生物保護區」的稱號。

【2000智利披索正面】
◎曼努埃爾‧羅德里格斯 Manuel Rodriguez Erdoiza(1785-1818)
智利獨立前，羅德里格斯帶領一支軍隊，從安地斯山的南部橫渡，並與聖馬丁的軍隊成功會合，
在查卡布科大敗西班牙殖民軍，被尊為「民族英雄」。

【2000智利披索背面】
◎位於智利阿勞卡尼亞大區的Nalcas國家保護區
該區以壯麗的隆基邁(Lonquimay)火山和鸚鵡(Choroy)聞名。

【5000智利披索正面】

◎加夫列拉‧米斯特拉爾 Gabriela Mistral(1889-1957)

智利女詩人。受男友意外身亡嚴重打擊，立誓終身不嫁，對死者懷念和個人憂傷，成為初期詩歌
創作題材。1945年，獲得諾貝爾文學獎，獲獎原因是那些由強烈感情孕育而成的抒情詩。
她是拉丁美洲第一位獲得諾貝爾文學獎的詩人。

【5000智利披索背面】

◎坎帕納國家公園(La Campana National Park)景象

位於智利第五區，智利最有代表性的自然保護區之一，也是世界上獨一無二的棕櫚樹森林。為聯
合國教科文組織宣布的生物圈保護區。
鈔票上有獨一無二樹齡長達千年的棕櫚樹森林及大鵰鴞。大鵰鴞是美洲一種大型的貓頭鷹。

【10000智利披索正面】

◎阿圖羅‧普拉特 Arturo Prat(1848-1879)

智利國家戰爭英雄。阿塔卡馬沙漠中部和北部發現豐富的鳥糞和硝石礦藏，鳥糞是優質的有機肥料，硝石礦是製造火藥的重要原料。1879年，為了這些寶藏，智利與祕魯及玻利維亞開戰。戰爭爆發後，普拉特任智利「埃斯美拉達」號艦長，該艦是一艘陳舊的木製巡防艦。該艦與祕魯海軍主力戰艦遭遇，普拉特力戰到底，不幸中彈身亡，但他的犧牲提振士氣，使智利獲得最後勝利，雙方簽定《安孔條約》(Treaty of Acon)，智利獲得盛產鳥糞、銅礦和硝石的領土，自此智利成為世界上最大的銅礦和硝酸鹽出口國，經濟受益無窮。

【10000智利披索背面】

◎智利阿爾伯托‧德‧阿戈斯蒂尼(Alberto de Agostini)國家公園內的冰山和飛翔中的禿鷹。Agostini國家公園擁有令人嘆為觀止的冰川美景，2005年聯合國教科文組織指定為生物圈保護區。

【20000智利披索正面】

◎安德雷斯‧貝略 Andres Bello(1781-1865)

拉美著名作家、學者、文化巨匠。被尊稱為「美洲的導師」。

智利民法的起草者，曾擔任智利、哥倫比亞和委內瑞拉三國的代表團祕書，後來成為神父，還創辦天主教大學，尤其對祖國贏得獨立有重大貢獻。

【20000智利披索背面】

◎位於智利北部阿里卡和帕里納科塔大區的Salar de Surire自然紀念碑（由鹽和鹽湖構成）保護區以及智利紅鶴(Chilean Flamingo)。智利紅鶴有著粉紅色的漂亮羽毛。以水生浮游生物為食。

1. 每張鈔票正面的左方都有智利國花「戈比愛」(Copihue)的風鈴草，它是百合科，又被稱為野百合，鈔票上顯示花蕊圖案。
   正面都是智利的名人，而背面都是智利有名之景點及代表性動物。

2. 1971年版500 Escudos有智利丘基卡馬塔(Chuquicamata)露天銅礦。智利是全球銅礦儲量、產量、出口量最多國家，被譽為「銅礦之國」。

3. 復活節島（帕努伊島Rapa Nui隸屬於智利）：

西班牙語Isla de Pascua，英譯為伊斯特島(Easter Island)，當地語言稱拉帕努伊島(Rapa Nui)位於智利以西4,000公里，現為智利特殊領地，是一塊與世隔離的島嶼。

1722年，荷蘭有一隻艦隊首次發現此南太平洋的小島，那天正巧是復活節，從此「復活節島」為世人所知。復活節島上600多尊神祕的巨型石像吸引各國觀光客和考古學家，這些人頭巨石遍布全島，人稱摩埃石像。

復活節島文明並不是美洲古文明，而是源自太平洋玻利尼西亞群島的海洋文明。

2011年，復活節島發行的紀念鈔一套五張，色彩艷麗，特列出與君共賞：

◎拉諾‧拉拉庫(Raraku)採石場(Rano)

◎原住民拉帕努伊(Rapa Nui)人在製作民俗雕刻

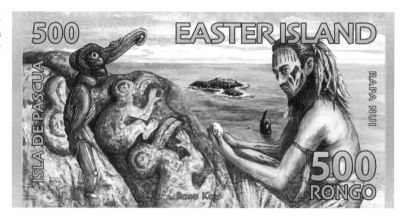

◎原住民肖像及摩埃石像「遙望天空的眼睛」(Mata-Ki-Te-Rangi)

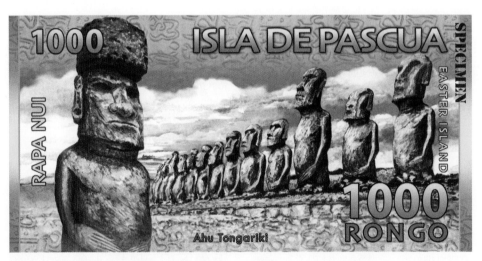

◎摩埃像。背朝海、面朝內陸、長耳低額頭、深陷的雙眼等。

◎本土女舞者的肖像和塔海考古遺址摩埃石像

◎摩埃像是一個完整的人形雕像，下半身被埋在土堆裡，穿著蝴蝶結的丁字褲

◎波利尼西亞船舶。復活節島文明源自太平洋波利尼西亞群島的海洋文明。

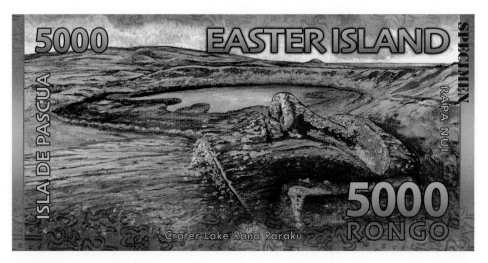

◎復活節島 Rano Kau 火山湖

◎槳舞(Paddle Dance)，復活節島特有的文化舞蹈。

◎長耳男子的肖像和 Mata-ki Te-rangi仰望天空的眼睛摩埃石雕像

哥倫比亞 寶石故鄉
Colombia

首都：波哥大(Bogota)
面積：1,138,910平方公里
人口：49,903,200人
貨幣：哥倫比亞披索(COP)　　1 USD ≒ 3,195 COP

哥倫比亞國旗原本是大哥倫比亞聯邦的邦旗，黃色象徵豐富資源，紅色象徵勇氣，黃、紅兩色代表西班牙母國；藍色代表自由，也象徵連結新舊兩大陸的大西洋。

哥倫比亞在南美洲的西北部，人民所得兩極化，咖啡產量是世界第三，也有棉花、香蕉和蔗糖，以及豐富的石油及綠寶石。此外，它也是毒品（海洛因、古柯鹼）的交易中心。

為了紀念新大陸的發現者 Columbus，於是在Columbus加上拉丁語的地名後綴，為Columbia，意為「哥倫布之國」。後來分裂成四個國家（厄瓜多、委內瑞拉、巴拿馬、哥倫比亞），其中的一個仍然叫Columbia。就把最初的那個叫 La Colombia（大哥倫比亞）。

該國是南美洲唯一濱臨太平洋和加勒比海的國家，也是幾種美洲稀有動物原產地。

哥倫比亞以四樣寶貝聞名於世：黃金、鮮花、咖啡和綠寶石。擁有黃金博物館；是世界上第二大鮮花生產國和出口國。

有享譽世界的「哥倫比亞咖啡」和「好像能滴出油」來的綠寶石，此外，哥國還盛產美女，多次在世界小姐比賽中取得好成績。

【2千哥倫比亞披索正面】
◎黛博拉‧阿朗戈 Débora Arango(1907-2005)
哥倫比亞女權主義者和政治藝術家，第一位哥倫比亞畫女性裸體的畫家，是哥倫比亞藝術先鋒。
代表作：〈修女和紅衣主教〉、〈窮人的午餐〉、〈基督〉。2003年，被授予哥倫比亞最高榮
譽的Cruz de Boyaca。 背景有Lechoso樹的葉子。

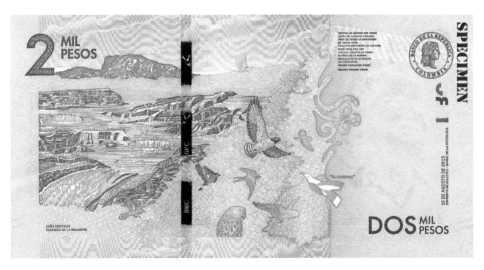

【2千哥倫比亞披索背面】
◎旅遊勝地──水晶河(Caño Cristales)
有人暱稱它為「彩虹之水」，是條五顏六色的河，每年7-11月，因水底植被生長變化，產生
紅、藍、黃、橘、綠等各種顏色，明亮鮮豔的色彩是地球上其他地方都看不到的奇景。

【5千哥倫比亞披索正面】
◎何塞‧亞松森‧席爾瓦 José Asuncion Silva(1865-1896)
拉丁美洲現代派詩人代表，作品富有音樂性和抒情性，帶有濃重的憂鬱情調，被認為是拉美現代主義詩歌運動的先驅。代表作為《夜曲第三號》，其他作品有《苦澀的點滴》、《黃昏》、《聖胡安的船》和《死者的日子》等。

【5千哥倫比亞披索背面】
◎哥倫比亞特殊的Páramo熱帶高地植被生態系統景觀
公園內擁有最原始的自然風光，集綠松石色的大海、茂密的原始森林和遠處的雄偉雪山於一體。園區內有特殊的高山植物Frailejón（粗莖鳳梨屬植物），在席爾瓦的詩中出現過。這種植物在莖的上部形成一個花環，厚實的桿高達1公尺，能夠用來預防腫瘤，並且具有抗高血壓和抗炎症作用。

【10千哥倫比亞披索正面】
◎維吉尼亞‧古鐵雷斯 Virginia Gutiérrez(1921-1999)
哥倫比亞醫學人類學和家庭工作的先驅。以歷史文獻和檔案為資料來進行研究、整理分析，確立出哥國特有的文化本質。1963年出版《哥倫比亞家庭和文化》一書。
左側的圖案是王蓮和哥倫比亞樹蛙。

【10千哥倫比亞披索背面】
◎亞馬遜河中有男子划獨木舟。圖中有葉子、王蓮、龜、魚、蛇，其中蛇巧妙地和河流合而為一。右上角文字是古鐵雷斯寫的《哥倫比亞家庭和文化》書中摘錄的文字。

【20千哥倫比亞披索正面】
◎阿方索‧洛佩斯‧米切爾森 Alfonso López Michelsen(1913-2007)
哥倫比亞總統(1974-1978)。
執政期間對高收入者提高徵稅，採取措施逐步抑制通貨膨脹。

【20千哥倫比亞披索背面】
◎哥倫比亞在La Mojana運河周邊的定居點。
左側是澤努(Zenú)部落印地安人的抽穗圖案及黑白相間的卷邊帽(Vueltiao)。Vueltiao已成為藝術品，是哥倫比亞傳統文化及特徵。

【50千哥倫比亞披索正面】

◎賈西亞‧馬奎斯 Gabriel Garcia Marquez(1927-2014)

拉丁美洲文學作家，舉世聞名的魔幻寫實主義作家，創作廣泛，包括長短篇小說、報導文學、新聞評論，甚至電視、電影劇本。代表作長篇小說《百年孤寂》和《異鄉客》，被公認為西班牙語影響最大的作家。1982年獲得諾貝爾文學獎 。

在馬奎斯的四周有蝴蝶和鸚鵡螺外殼及正在吸食花蜜的蜂鳥，花朵圖案能隨著鈔票的捲起而改變顏色。

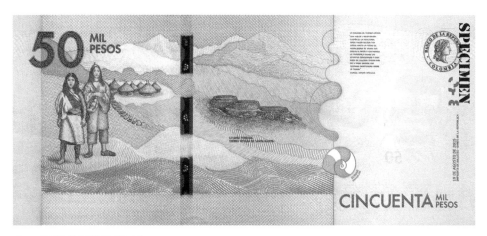

【50千哥倫比亞披索背面】

◎Ciudad Perdida遺址。哥倫比亞兩位阿拉瓦克印地安人站在傳統房屋前面。圖中還有內華達山
　脈古城的考古遺址(Ciudad Perdida)的梯田和鸚鵡螺殼圖像（外殼絢麗多彩，形似鸚鵡嘴）。

Ciudad Perdida（英文 Lost City）

　　加勒比海岸附近「失落的城市」被認為是泰羅納文化核心的考古遺址，建於公元800年左右，比馬丘比丘早650年。這古蹟表面雖是一座廢墟，卻具有偉大的古文明內涵，已成為哥倫比亞最著名的旅遊景點。

【100千哥倫比亞披索正面】
◎卡洛斯‧耶拉斯‧雷斯特雷波 Carlos Lleras Restrepo(1908-1994)
1966-1970年擔任總統，成立社會保險局，設立促進出口基金會。
左側背景是豔紫野牡丹（紫花野牡丹）姿色不會輸給牡丹，因此把它取名為野牡丹。性喜高溫，花期長，花瓣紫色，近凋謝時，花瓣變成紫紅色。

【100千哥倫比亞披索背面】
◎金迪奧省的珂珂拉山谷(Valle del Cocoral)被安地斯群山環繞，雲霧繚繞如同仙境。這裡動植物資源豐富，可以看到很多蜂鳥及國樹蠟棕(Wax Palm) 高聳入雲，蠟棕樹是世界上最高的棕樹。

一鈔
一世界

1. 鈔票正面都是來自四面八方不同領域的專家或領導者，他們重視政治也重視文字作品，因此創造了哥國的歷史文化；在鈔票的背面則訴説著不同的生命意義。

2. 哥倫比亞國會提議將比索面值去除 3 個 0，使幣值提高1,000倍，目前所發行的新鈔數額後面都加上MIL。「MIL」，發音為「mill」，西班牙語意思為1,000 。

   2016年，為了適應經濟發展，哥倫比亞發行新的貨幣，一方面紀念傑出的人物，一方面呈現國內生物的多樣性，顯示出國內豐富的地理資源，更增加本土文化的各式圖案。

3. 新鈔與舊鈔都是 6 張，僅有5000(5Mil) Pesos，正面都是同一人，他就是哥倫比亞的詩人何塞·亞松森·席爾瓦(Jose Asuncion Silva)，看舊鈔的正面：

   詩人旁邊有兩排樹，一直延伸到盡頭，中間有一處空白，畫上他的浮水印。將鈔票翻到背面，轉為迷人浪漫的月亮，它是詩人何塞的代表作《夜曲第三號》(Nocturnal)中的戶外夜景。描寫一位少女正緩緩地走進一排樹下，低著頭無限沉思……。背面的場景被柔美的綠葉所襯托，極像優雅的沙漏或獎杯的雙耳，加上兩根鵝毛筆，相得益彰，鈔票也是藝術品，令人陶醉令人迷。

厄瓜多
Ecuador

赤道之國 （中國譯名：厄瓜多爾）

首都：基多(Quito)
面積：283,561平方公里
人口：17,034,400人
貨幣：厄瓜多蘇克雷(ECS)，自2000年3月13日停用，改以美元為貨幣。

基本上和大哥倫比亞聯邦的邦旗一樣。黃色象徵太陽和物產，藍色象徵海洋與天空，紅色象徵愛國與熱忱，其意義與哥倫比亞國旗同。中央所畫國徽，是世界國旗中最美麗的徽章之一。

國土大多是高山區，氣候宜人，擁有豐富的自然景觀和人文建築。是世界香蕉主要出口國，也出產石油，漁業資源豐富，明蝦名聞遐邇。該國有一處聞名的龜島，是世界自然遺產，吸引很多觀光客，當年達爾文在此啟發了優勝劣敗、適者生存的進化論。

厄瓜多在西班牙語裡就是「赤道」的意思。

整個國家的特色：高原、赤道、火山、印地安人。

【5000厄瓜多蘇克雷正面】
◎胡安・蒙塔爾沃 Juan Montalvo(1832-1889)
厄瓜多浪漫主義作家和散文家。號稱「南美的賽凡提斯」，在厄瓜多文學史上占有重要地位。作品有諷刺小說《被賽凡提斯遺忘的章節》、《七論》和劇本《獨裁者》。

【5000厄瓜多蘇克雷背面】
◎加拉巴哥群島上代表性種動物：鸕鶿、企鵝和象龜

【10000厄瓜多蘇克雷正面】
◎比森特・羅卡富埃特 Vicente Rocafuerte(1783-1834)
1834-1839年擔任總統期間通過新憲法，給予土著印地安人在厄瓜多更大的保障。

【10000厄瓜多蘇克雷背面】
◎位在首都基多的獨立廣場紀念碑，在1830年獨立時所建造。
基多地處赤道，有「地球中心」之稱，它的海拔2,850公尺，是世界第二高首都。
基多的舊城區遺留著許多著名的歷史建築，而被譽為「安地列斯大博物館」

【20000厄瓜多蘇克雷正面】

◎加布里埃爾・加西亞・莫雷諾 Gabriel García Moreno(1821-1875)

兩度擔任厄瓜多總統(1859-1865, 1869-1875)，任總統期間，實施強權統治，建立中央集權的政府，減少貪汙腐化，維持相對的和平，大力發展經濟。在他的管理下，厄瓜多成為拉丁美洲科技領域和高等教育的領先者。

【20000厄瓜多蘇克雷背面】

◎國徽，上有展翅之禿鷹（亦為國鳥），象徵國家主權和獨立。中央有太陽臉譜、火山、商船，兩側有四面國旗和月桂，月桂是和平象徵。國內多火山，其中欽博拉索(Chimborazo)高6,310公尺，是全國最高點，也是地球表面上離地心最遠之處，而不是聖母峰（因地球是南北縱軸較東西橫軸短的微扁球體）。

【50000厄瓜多蘇克雷正面】
◎埃洛伊‧阿爾法羅‧德爾加多 Eloy Alfaro Delgado(1842-1912)
兩度擔任厄瓜多總統(1895-1901, 1906-1911)，屬激進自由主義者。
執政期間自由派和保守派爭鬥，實施國家與教會分離，維護公民政治權利和言論自由，鋪設瓜亞基爾到基多的鐵路，離婚合法化，建立公立學校，並允許公證結婚。

【50000厄瓜多蘇克雷背面】
◎國徽，見前頁下圖說明。

一鈔一世界

1. 西班牙文Ecuador為赤道之意，即赤道橫貫厄瓜多全境。厄瓜多原隸屬印加帝國，自1532年成為西班牙殖民地。1884年厄瓜多為紀念南美獨立之父西蒙‧玻利瓦的左右手──蘇克雷(Sucre, 1795-1830)，便以蘇克雷(Sucre)為鈔票名稱。一直使用到2000年，因經濟不景氣，產生金融危機，才宣布所有交易全部使用美元。當時以25,000蘇克雷兌換1美元，從此厄瓜多鈔票退出歷史舞台。

2. 加拉巴哥群島(Galapagos Islands)：

   以其多樣的罕見和不尋常動物而聞名。

   位於太平洋東部，接近赤道，為厄瓜多領土，有許多動物物種，包括加拉巴哥烏龜、海獅、藍腳鰹鳥、海洋鬣蜥、加拉巴哥企鵝和達爾文雀。這些島嶼因達爾文年輕時(1835-1840)在那裡的研究而聞名。達爾文中年時(1859)完成《物種起源》（見紀念鈔正面），他指出生物演進是緩慢進行的，主張「物競天擇、適者生存」。以1000元背面為例：

   巴西的綠鬣蜥與加拉巴哥群島的海鬣蜥，外型相似，但顏色及行為有些不同。海鬣蜥原本皮膚是綠欖色，來到加拉巴哥群島後，因適應島上深色火成岩，變成近黑色，也是唯一在海中覓食的蜥蜴。這就是物種會隨環境不同而產生變化的結果。

2009年為達爾文誕辰200周年，厄瓜多所屬的加拉巴哥群島特發行塑膠紀念鈔一套如下，請鑑賞。

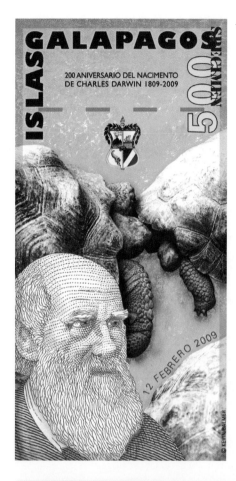

◀老年的達爾文

▼加拉巴哥象龜

◀年輕的達爾文

▼海洋鬣蜥

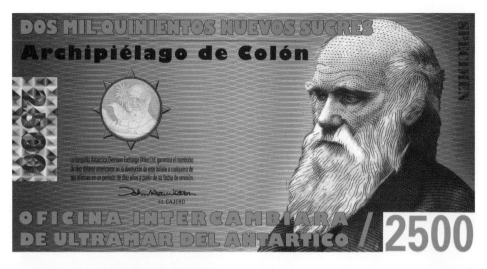

▲老年的達爾文

◀加拉巴哥企鵝

◀中年的達爾文

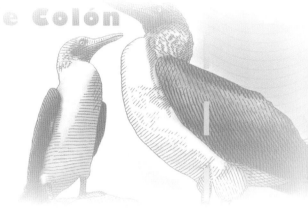

▼藍腳鰹鳥

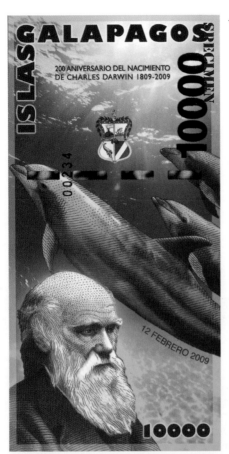

◀老年的達爾文

▼蚱蜢

蓋亞那

糖鋁故土（中國譯名：圭亞那）

Guyana

首都：喬治城(Gerogetown)
面積：214,969平方公里
人口：776,500人
貨幣：蓋亞那元(GYD)　　1 USD ≒ 209 GYD

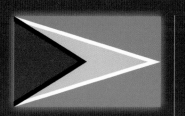

蓋亞那國旗由白線鑲邊黃色三角形及黑色鑲邊紅色三角形組成，代表向前進。綠色象徵農業與森林，白色象徵豐沛的河流，黃色象徵礦產。三角象徵國民的熱情和活力。蓋亞那位於南美洲西北角，鋁礬土、蔗糖、稻米是三大經濟物產，還有森林及水利資源，是重要魚蝦出口國。工業以採礦業和製糖業為主。採礦業分為鋁土礦和黃金開採。

蓋亞那1966年脫離英國獨立，是南美洲唯一以英語為官方語言的國家，也是大英國協成員國。

【各種面額鈔票正面】

◎鈔票右側是蓋亞那版圖，鈔票中間是國家銀行標誌，而標誌的左上方顯示的是稻米業，右上方
　則是木材業，左下方是造船業，右下方是礦產，這些都明顯指出蓋亞那經濟發展方向。

【100蓋亞那元背面】
◎聖喬治大教堂
圭亞那的綠芯木建造，哥德式建築風格。據稱是世界上最高的木質教堂。

【500蓋亞那元背面】
◎蓋亞那國會大廈(The Parliament Buildings)
座落於蓋亞那的首都喬治城市中心，議會多數黨領袖出任總統。

【1000蓋亞那元背面】
◎蓋亞那國家銀行大樓，座落於首都喬治城市中心。

【5000蓋亞那元背面】
◎雨林風光，河流交錯，飛瀑爭喧，高山壁立。 蓋亞南素有「森林之國」之稱。
右側是國鳥麝雉，全身覆蓋五彩斑爛的羽毛，極為美麗。它曾被評為世界最美麗的國鳥之一。

世界最美麗的國鳥上榜的還有：

新加坡國鳥——猩紅太陽鳥
印度國鳥——東非冕鶴
巴哈馬國鳥——火烈鳥
安地卡國鳥——栗色軍艦鳥
尼泊爾國鳥——棕色虹雉
巴布亞新幾內亞國鳥——天堂鳥

一鈔
一世界

過去曾被英國殖民所留下的建築風格，深深影響他們，在眾多重要
的國家建設中，可以觀察到鈔票背後的歷史，都與英國息息相關。
舊版鈔票背面分別是蓋亞那經濟四大支柱：稻米、蔗糖、鋁土、造
船。

◎堤圍澤地及稻米收割。農業人口占蓋亞那總人口的70%左右。

◎收割及運送甘蔗

◎鋁土礦開採及鋁土礦冶煉

◎造船廠及 The Ferry Vessel Malali 號貨輪

巴拉圭 內陸小國
Paraguay

首都：亞松森(Asuncion)

面積：406,752平方公里

人口：6,951,900人

貨幣：巴拉圭瓜拉尼(PYG)　　1 USD ≒ 5.930 PYG

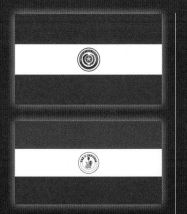

巴拉圭國旗是世界唯一兩面圖案不同的國旗。

國旗參考自法國國旗的紅白藍三色，紅色象徵愛國、勇氣、英雄氣概、平等、正義，白色象徵純淨、毅力、團結、和平，藍色象徵安詳、愛、知識、真理、自由。國旗中央放置國徽，國徽正中的黃色五角星名為「五月之星」，代表巴拉圭獨立日五月十四日。五月之星的左右分別環繞著象徵勝利的棕櫚枝及象徵和平的橄欖枝。黑色文字是西班牙文「巴拉圭共和國」。背面國庫印璽為圓形，一頭象徵主權的威猛雄獅守衛著自由之桿與自由之帽，上方以西班牙文書寫巴拉圭的國家格言「和平與正義」。

巴拉圭是典型內陸國，與巴西、阿根廷交界處有世界最大的伊瓜蘇瀑布，力水資源豐富。出口以大豆、木材、棉花及牛肉為主。過去該國長期內亂、政變，是南美最窮的國家。

身為南美洲唯二的「內陸國」（另一個是玻利維亞），要進入巴拉圭的貨物通常都是由巴西、烏拉圭或阿根廷靠港後，再經由內陸運輸及河運送到巴國首都亞松森。風靡整個南美洲的馬黛茶，就是起源於巴拉圭。

【1000巴拉圭瓜拉尼正面】
◎法蘭西斯科‧羅培茲（小羅培斯）Francisco Solano Lopez(1826-1870)
巴拉圭獨裁者、總統(1862-1870)。自稱「大元帥」、「南美洲的拿破崙」。
羅培茲一生充滿戲劇化，執政8年期間，有6年在戰場度過。
父親卡洛斯‧安東尼奧‧羅培茲是第一任總統，近18年的苦心經營下，讓曾經貧瘠的巴拉圭迅
速崛起。他繼任巴拉圭總統，卻將國家拖入1864-1870年三國同盟戰爭，1870年戰死。這場戰
爭使巴拉圭幾乎被摧毀。巴拉圭失去大片土地，人口剩不到一半，滿目瘡痍，土地荒廢，戰後有
半世紀經濟停滯。

【1000巴拉圭瓜拉尼背面】
◎位於巴拉圭首都亞松森一座白色的英雄萬神殿，模仿巴黎英雄祠，裡面放置一對父子檔的兩位
　羅培茲總統靈柩。

【2000巴拉圭瓜拉尼正面】

◎Adela Speratti(1865-1902)和 Celsa Speratti(1868-1938) 兩姐妹

是巴拉圭的兩位著名女教師，對巴拉圭公共教育有很大的貢獻。

用心教育，讓大量青壯農民和資本家有學習機會，傳授教育給成千上萬遭受戰爭蹂躪的文盲姑娘。姐姐Adela出任巴拉圭的師範學校的第一任校長。

左下方有一個打開的書本圖案的視窗。

【2000巴拉圭瓜拉尼背面】

◎高舉巴拉圭國旗的青年方陣

【5000巴拉圭瓜拉尼正面】
◎卡洛斯‧安東尼奧‧羅培茲 Carlos Antonio Lopez(1792-1862)
巴拉圭第一任總統（老羅培茲），任期1844-1862年。統治18年期間，鼓勵對外貿易；大量引進外資，修建鐵路、船廠、鋼鐵廠；招聘歐美醫生、技術人員，開辦工廠和學校；架設電報、出版報紙，呈現出一個歐洲化的巴拉圭，以強國面目立足拉丁美洲。

【5000巴拉圭瓜拉尼背面】
◎巴拉圭總統官邸──羅培茲宮(Lopez Palace)
這是老羅培茲建構的總統府，位於亞松森的中心，面向海灣，模仿羅浮宮的風格。

【10000巴拉圭瓜拉尼正面】
◎羅德里格斯 Jose Gaspar Rodriguez de Francia(1766-1840)
巴拉圭獨立運動領袖及元首(1814-1840)。
1813年與富爾亨西奧‧耶格羅斯(Fulgencio Yegros)共同執政，成為巴拉圭兩個元首之一。
1814年，成為最高執政官。1817年任終身執政。

【10000巴拉圭瓜拉尼背面】
◎富爾亨西奧‧耶格羅斯發起的軍事會議
1811年5月14日宣布巴拉圭獨立，自此定為國慶日。此圖為當時舉行軍事會議的情景。

【20000巴拉圭瓜拉尼正面】
◎抱陶罐的巴拉圭年輕婦女

1864年底，52萬人口的巴拉圭，挑戰1,000萬以上人口的三國聯盟戰爭，讓巴拉圭幾乎亡國滅種。

巴國戰後人口減為22萬，男子不到3萬，還支付鉅額賠款。許多家庭沒丈夫、父親、兒子或兄弟。戰後的50年中，巴國1個男子要負責10個女子的生育，80%的兒童是同父異母的私生子，女性需養兒育女，還要背負社會責任。巴拉圭至今仍是父權社會，女性很少參政。

【20000巴拉圭瓜拉尼背面】
◎巴拉圭中央銀行大樓

【50000巴拉圭瓜拉尼正面】

◎奧古斯丁‧巴里奧斯‧曼戈雷 Agustin Barrios Mangore(1885-1944)

巴拉圭著名作曲家、吉他大師。成名曲〈墨西哥舞曲〉，〈大教堂〉為經典作，吉他作品〈獻給上帝的愛〉是最後作品，被稱「最後的旋律」。

被稱為吉他界的奧古斯丁（古羅馬皇帝的尊稱）。

【50000巴拉圭瓜拉尼背面】

◎奧古斯丁使用的吉他

【100000巴拉圭瓜拉尼正面】

◎羅克‧岡薩雷斯‧德‧聖克魯斯 Roque González de Santa Cruz(1576-1628)
巴拉圭傳教士，進入現今巴西里奧格蘭德多索爾地區的第一位歐洲人。
建立聖尼古拉的第一個傳教堂和其他傳教中心，積極為人民服務，一生奉獻於宗教活動，1628
年遇刺。
1988年，羅馬教皇約翰保羅二世封列為聖人，成為第一位巴拉圭的聖人。
天主教會在巴拉圭影響甚深，迄今有90%以上信奉天主教。

【100000巴拉圭瓜拉尼背面】

◎利用巴拉那河豐富水力資源與巴西合資興建的伊泰普水電站大壩(Itaipu Dam)，曾經是世界最
　大的水力發電站。巴拉圭利用其生產的廉價電力，積極提供優惠條件，以吸引外商投資。

一鈔
一世界

巴拉圭在新鈔上增列20000Guaranies塑膠鈔，並出現了女性；又
50000Guaranies也由紙鈔改成塑膠鈔。塑膠鈔有乾淨、防偽功能，
採用國家日益增加。而50000Guaranies則大幅度改版，由士兵改為
吉他大師。

祕魯 印加帝國
Peru

首都：利馬(Lima)
面積：1,285,216平方公里
人口：32,836,000人
貨幣：新索爾(PEN)　　1 USD ≒ 3.345 PEN

祕魯國旗由三條垂直的紅、白、紅縱條組成，由何塞‧德‧聖馬丁設計，1825年啟用，6月7日為國旗日。紅色象徵人民的勇氣和愛國心，白色象徵和平和進步。

Peru在當地印地安語中，是「玉米之鄉」的意思。

祕魯是印地安人建立的印加帝國所在，是名聞世界的古印加文化發祥地，有名的馬丘比丘及神祕巨畫是其代表，在15-16世紀為其強盛期。

1532年，征服者弗朗西斯科‧皮薩羅擊敗印加帝國，西班牙自此開始對當地的統治。

16世紀銀礦開採為西班牙王國帶來豐富的收入。

何塞‧德‧聖馬丁和西蒙‧玻利瓦發起軍事行動後共和國才成立。其後政變頻繁，使祕魯政治混亂，經濟停滯。

奎寧、馬鈴薯、蕃茄、可可、菸草等都是古印加文明最早種植，現已成世界性農作物。祕魯礦產豐富，也是有名的漁業國家，魚粉是重要出口產品。

【10新索爾正面】
◎何塞‧奇尼奧內斯‧岡薩雷斯 José Quiñones Gonzáles(1914-1941)

祕魯空軍飛行員，有非常好的飛行技巧，帶領第一空中戰鬥小組對抗外來敵人。

1941年7月23日主動請纓，駕駛北美NA-50 TORITO號雙翼飛機，在「祕魯─厄瓜多邊界戰爭」中被厄瓜多的高射砲擊中。他未選擇跳傘求生，而像日本神風特攻隊一樣，撞向厄瓜多的砲臺而犧牲。為了紀念這位英雄，7月23日被定為祕魯空軍節。

【10新索爾背面】
◎世界文化遺產馬丘比丘(Machu Piccu)

為祕魯著名的印加帝國的遺蹟，高聳在海拔2,500公尺的山脊上，被稱為「空中之城」，全部建築都是印加風格。

是印加人膜拜神明、觀察星象的宗教聖地，包括兩部分：

一為農作物種植的田地，由山坡和梯田構成；另一是城市，以高超的建築技術建造的神殿廣場及皇室墓園。

【20新索爾正面】
◎勞爾‧波拉斯‧博蘭尼奇 Raúl Porras Barrenechea(1897-1960)
祕魯偉大的歷史學家。因他歷史和文學的創新,將祕魯文化帶至國際水準,激發出新生代。
熱切地研究16和17世紀的編年史,獻身二十多年,對祕魯國家歷史、印加的歷史、文化和社
會有深入的認識。代表著作:《祕魯征服的原始關係史》、《庫斯科的文集》、《祕魯的編年
史》。
背景是托雷塔格勒宮殿(Torre Tagle Palace),建於1735年,西班牙巴洛克式宮殿,展現出18世紀
初建築風格的優雅建築。

【20新索爾背面】
◎世界文化遺產昌昌(Chan Chan)古城
為美洲最大的泥土建築。城內有十個城堡,屬於歷史上十個不同的奇穆王所有。繁盛期約於公元
11-15世紀。奇穆王國之後被印加帝國吞滅。城內建造引水道網絡,用以灌溉農作物。文化特點
就是金屬製作和煉金。城牆雕刻著以海洋、波浪和各種魚類為主的圖案,體現臨近海岸的昌昌人
對大海的崇敬之情。

【50新索爾正面】
◎亞伯拉罕‧巴爾德洛瑪律‧平托 Abraham Valdelomar Pinto(1888-1919)
祕魯偉大的作家和漫畫家，主編《科洛尼達》雜誌宣傳現代主義。代表作〈卜梅洛騎士〉和〈禿鷹之翔〉以抒情的筆調，描繪祕魯海岸和農村的景色，是祕魯第一批具有現實主義傾向的小説。

【50新索爾背面】
◎世界文化遺產查文文化(Chavín Culture)遺址
「查文」是當地原住民語，意思就是「肚臍」。公元前900至公元前200年為興盛期，屬於農業定居社會。它以長方形石塊為中心構築成的群神居於城中心區域。該文化以人形、貓科動物以及鱷魚與蛇的藝術形象為特點。
1985年，被列入世界文化遺產名錄。

【100新索爾正面】

◎豪爾赫‧巴薩德雷 Jorge Basadre(1903-1980)

祕魯最多產和最知名的20世紀歷史學家。

以祕魯獨立建國史的研究聞名於世，被稱為「共和國的歷史學家」。

【100新索爾背面】

◎世界文化遺產，祕魯古代查查波亞斯文化(Chachapoyas Culture)遺存懸崖墓穴(Great Pajaten)

在祕魯亞馬遜平原的Luya山谷的峭壁上，立著35座查查波亞斯文化(700-1500)時期的石棺，

這些粘土製成的石棺，置放在高出路面約30公尺的峭壁內，至今1,000多年。

印加人相信生命的輪迴，人死只是今生的結束，而來世新的生活又將開始，所以死者生前日常穿

戴之物會被一塊放入洞中，以便死者在來生繼續使用。

【200新索爾正面】
◎利馬聖女羅撒 Rosa de Lima(1586-1617)
是祕魯第一位被冊封為聖人的婦女，對天主懷有最為熱烈的敬愛，忍受來自外界的一切嘲弄、誘惑以及長期的病苦，遭逢逆境，卻仍保有信仰。

【200新索爾背面】
◎位於利馬的世界文化遺產──卡羅爾-蘇沛聖城(Sacred City of Caral)

卡羅爾─蘇沛聖城

具有5,000年歷史，是美洲最古老的文明中心。遺址上發現結繩文字和紡織術存在的證據。城市的規劃和它的某些組成，如金字塔型結構和精緻的住宅，均顯示出禮儀活動的顯著特徵，突顯出一個強大的宗教思想。

一鈔
一世界

1. 現行流通版正面保留前版人物的肖像，但修改成更大面的人頭雕像，如此一來更能防偽。背面則改版祕魯的全套世界文化遺產，全是印加帝國的遺址。

　　在筆者典藏的鈔票中，有2008年版澳門的中國銀行發行的全套世界遺產。其中包含：10元的媽祖廟、20元的大三巴牌坊、50元的崗頂劇院、100元的東望洋砲臺、500元的鄭家大屋，以及1000元的民政總署大樓。另外，蘇格蘭的克萊斯戴爾銀行2009年版鈔票，也是全套世界遺產，包含：5鎊的聖基爾達島(St. Kilda)、10鎊的愛丁堡老風貌、20鎊的新拉納克(New Lanark)、50鎊的安多尼長城(The Antonine Wall)，以及100鎊的奧克尼新石器遺址(The Heart of Neolithic Orkney)。

2. 介紹幾張祕魯早期的鈔票：

　(1) 1985年版500 Intis背面：

　　　祕魯最高峰瓦斯卡蘭山(Nevado Huascarran)，海拔6,768公尺，是安地斯山脈一支。安地斯山脈全長9,000公里，為世界最長山系，整個山勢綿延 7 個國家，幾乎是喜馬拉雅山脈的三倍半，擁有雄偉壯觀的自然景觀。（註：南美洲第一高峰是阿根廷的阿空加瓜峰Aconcagua，標高6,959公尺。）

(2) 1976年版10 Soles背面：

　　世界海拔最高（近4,000公尺）的「的的喀喀湖」(Lake
　　Titicaca)，湖中高大蘆葦船及浮島，已成吸引觀光客之亮點。

(3) 1976年版50和5000Soles背面：

　　祕魯是礦業大國，雖然沒有單項第一，但很多礦產產量名列世
　　界前茅，如銅第三，鋁第四，鋅第三，錫第三，金第五，銀第
　　三。

(4) 1988年版5000Intis 背面：

南美洲西岸有「祕魯涼流」，帶來豐富浮游生物，吸引大量魚
群，可製魚罐及魚粉飼料。因魚群龐大，引來海鳥覓食，留下
鳥糞的天然肥料。但每隔幾年祕魯涼流減弱，魚類會減少，海
鳥也會消失，此現象總在聖誕節前後，被稱之為聖嬰現象(El
Nino Event)。

蘇利南

鳥語花香（中國譯名：蘇利南）

Suriname

首都：巴拉馬利波(Paramaribo)
面積：163,820平方公里
人口：560,940人
貨幣：蘇利南元(SRD)　　1 USD ≒ 7.44 SRD

國旗的綠色象徵國土與資源；白色代表正義與自由；紅色是進步與希望；黃色五稜星象徵歐洲人、非洲人、印度人、印尼人和美洲原住民等五大族群（素有小聯合國之稱）團結一致，為未來幸福而努力。

　　蘇利南原名荷屬圭亞那，原為荷蘭在南美洲的殖民地，是南美洲最小的一個國家，95%的面積為熱帶雨林。居民三成人口為黑人後裔，後來引進印度勞工及印尼勞工，所以蘇利南是一個種族、語言、宗教上極為多元的國家。是全世界最大的鋁土礦輸出國，也是橡膠與金礦等重要工業資源的生產國。木材以綠心木最有名，捕蝦業是出口大宗。蘇利南和印尼曾同屬荷蘭殖民地，兩國關係較為密切。

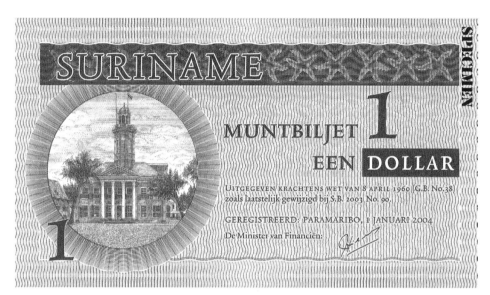

【1蘇利南元正面】
◎首都巴拉馬利波財政部大樓(Ministry Department Building of Finance in Suriname)
1836年建造,是座紅色建築,是當地重要的建築物。當時蘇利南是荷蘭的殖民地。
建築的磚都來自歐洲,原先是為了海上航行安全用來壓船艙的。

【2½蘇利南元正面】

【1蘇利南元背面】

◎蘇利南的紋飾，上面所寫的文字是蘇利南律法對偽造錢幣的警告條文。

【2½蘇利南元背面】

【其他各種面額鈔票正面】

◎蘇利南中央銀行大樓(the Central Bank of Suriname)、睡蓮

蘇利南中央銀行大樓，1957年4月1日開始啟用。它是蘇利南最高的貨幣當局和國家的貨幣及經濟事務管理機構。

不同幣值的建物右側有不同花卉，5元是睡蓮(Nymphaea)，10元是蜂巢薑(Zingiber Spectabile)，20元是百香果(Passiflora)，50元是九重葛(Bougainvillea)，100元是龍蝦爪花(Heliconia Rostrata)。

【5蘇利南元背面】

◎Gran Rio Sula熱帶雨林，蘇利南大約90%的面積是森林，保護區的物種豐富。

左側是可哥椰子，拉丁學名Cocos，是葡萄牙語猴子。外形似猴子的果實稱之為coco ，英文以ccconut 稱之。

【10蘇利南元背面】

◎蘇利南河(Suriname River)景觀

蘇利南河(Suriname River)是該國進出口最重要的河流，不僅通過河流運出鋁土礦，重要物資也都經由此河運入。

蘇利南河周圍是片廣大的雨林區，裡面有數目驚人的動植物。

鈔票左側是齒葉蟻木，木質十分堅硬，並且有防火防蟲的特性。

【20蘇利南元背面】

◎自然保護區沃爾茲伯格(Voltzberg)

位於Coppename河上游，它是蘇利南最大的自然保護區，登高花崗岩山(Voltzberg)上，一座有著圓錐形帽子似的花崗岩山峰。眺望遠處美景。

左側是大紅樹(Rhizophora Mangle)。

【50蘇利南元背面】

◎喀斯卡斯馬岩石山(Kasi Kasima Rock)，儲存著豐富的鋁土礦(bauxite)及石油。

左側是吉則木棉(Ceiba Pentandram)。

【100蘇利南元背面】
◎馬羅尼河(Maroni River)
這條疆界河位於蘇利南與蓋亞那交界處，沿岸風光綺旎，是當地出產砂金最多的地方。
左側是桉樹(Pterocarpus Officinalis)。

1. 蘇利南的鈔票十分特殊，低值(1元及2.5元)與中高值(5元、10元、20元、50元、100元)各自一格。低值正反面都很單調，中高值正面都是中央銀行、右側花卉各不相同，背面則是蘇利南重要景點，左側的樹木各不相同。蘇利南也是世界森林覆蓋面積比例最高的國度。

2. 蘇利南的驕傲：

◎安東尼‧內斯蒂 Anthony Nest(1967-)
這是一張1996年發行的鈔票，紀念蘇利南的Anthony Nesty──1988年奧運男子100公尺蝶式游泳獲得金牌，他也是世界第一位黑人拿到游泳金牌（游泳非黑人的強項）。他的勝利成為蘇利南的驕傲，蘇利南政府因此為其發行鈔票（除了國王外，很少尚在世者登上鈔票票面）。

3. 上一版的鈔票，人稱「鳥語花香」系列，共有九張，印刷精美、
賞心悅目，深獲世界愛鈔者之喜愛，值得共賞之。（2000年舊
版，自5盾到25000盾，顯示不斷在通貨膨脹。）
2004年發行蘇利南元取代舊鈔，1蘇利南元＝1000蘇利南盾。

【5蘇利南盾正面】
◎紅頸啄木鳥(Red-necked Woodpecker)

【5蘇利南盾背面】
◎大果西番蓮(Giant Granadilla)

【10蘇利南盾正面】
◎綠喉芒果蜂鳥(Green-throated Mango)

【10蘇利南盾背面】
◎火冠鳳梨(Guzmania lingulata)

【25蘇利南盾正面】
◎白喉巨嘴鳥(White-throated Toucan)

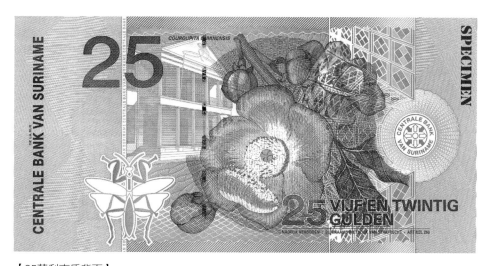

【25蘇利南盾背面】
◎炮彈樹(Cannonball Tree)

【100蘇利南盾正面】
◎長尾隱蜂鳥(Long-tailed Hermit)

【100蘇利南盾背面】
◎雞蛋花(Plumeria Rubra)

【500蘇利南盾正面】
◎圭亞那動冠傘鳥(Guianan Cock-of-the-rock)

【500蘇利南盾背面】
◎紅蟬花(Mandevilla Splendens)

【1000蘇利南盾正面】
◎王霸鶲(Royal Flycatcher)

【1000蘇利南盾背面】
◎紫紋蝴蝶蘭(Orchidaceae Violacea)

【5000蘇利南盾正面】
◎太陽錐尾鸚鵡(Sun Parakeet)

【5000蘇利南盾背面】
◎蝴蝶文心蘭(Oncidium Papilio)

【10000蘇利南盾正面】
◎飾冠鷹鵰(Ornate Hawk-eagle)

【10000蘇利南盾背面】
◎大花克魯西亞(Clusia Grandiflora)

【25000蘇利南盾正面】
◎眼鏡鴞（一種貓頭鷹）(Spectacled Owl)

【25000蘇利南盾背面】
◎蜘蛛水仙(Hymenocallis Caribaea)

烏拉圭 畜牧大國
Uruguay

首都：蒙得維的亞(Motevideo)
面積：176,215平方公里
人口：3,471,400人
貨幣：烏拉圭披索(UYU)　　1 USD ≒ 32.17 UYU

　　烏拉圭國旗採用阿根廷國旗的水藍色和純白色，向阿根廷表示支援獨立的謝意，又分別象徵正義與和平；黃日象徵獨立的「五月的太陽」，也代表印地安人的太陽神；九條橫線代表獨立的九州。

　　烏拉圭名稱「Uruguay」，土著用語意思是「飛鳥的河流」，夾在巴西和阿根廷之間，是南美洲第二小的國家，地形以平原為主。濱海地區主要是飼養牛羊等家畜的牧場，經濟主要是以出口農產品為主。烏拉圭屬溫帶氣候，以優美風光和安定社會獲譽為「南美瑞士」；國土形似寶石又盛產紫晶石，獲譽為「鑽石之國」。有源於印地安文化的馬黛茶；源於西班牙同時又深受非洲民俗風格影響的狂歡節；更有融合非洲黑人音樂和歐洲及克里奧爾風格的探戈。

　　現在居民約九成是西班牙和義大利的白種人，其餘是印歐混血兒、黑人、原住民。

　　人人愛足球，烏拉圭是傳統的南美三強之一，1930年及1950年曾獲世足賽冠軍，奧運足賽也得過第一。

【5烏拉圭披索正面】

◎賈奎因‧托雷斯‧加西亞 Joaquin Torres Garcia(1874-1949)

烏拉圭藝術家，為拉丁美洲構成主義的第一代藝術家。構成主義在拉丁美洲的傳播和發展與他的
藝術創作密不可分。

【5烏拉圭披索背面】

◎加西亞的繪畫作品，右側背景是他的畫筆、畫板。

【10烏拉圭披索正面】
◎愛德華多‧阿塞韋多‧巴斯克斯 Eduardo Acevedo Vásquez(1857-1948)
烏拉圭傑出的律師、歷史學家、詩人、作家和政治家。還擔任過各種相關的公共職務、大學校
長、工業部長。

【10烏拉圭披索背面】
◎位於首都蒙得維的亞的烏拉圭大學農業科學院大樓
成立於1962年，目的在培養工程學專家及農學家。

【20烏拉圭披索正面】
◎胡安‧索利拉‧德‧聖馬丁 Juan Zorrilla de San Martín(1855-1931)
烏拉圭史詩詩人。1886年，出版的「祖國的傳說」，名聲到達史無前例的高潮。
代表作《對於烏拉圭人國家詩》(*The National Poem for Uruguayans*)，《愛國者傳奇》(*The Patriot Legend*)，長詩《塔瓦雷》。

【20烏拉圭披索背面】
◎右側是詩人的手稿，左側是寓言雕塑《祖國的傳說》(Legend of the Fatherland)。

【50烏拉圭披索正面】

◎何塞‧佩德羅‧瓦雷拉 José Pedro Varela(1845-1879)

烏拉圭社會學家、記者、政治家。引進科學教育的創新改革，是烏拉圭文化、教育、社福最主要的推動者。

【50烏拉圭披索背面】

◎位於蒙得維的亞的瓦雷拉紀念碑(Varela Monument, Montevideo)

記載著1877年他所提出的三大原則：

1.實施義務教育；2.州立學校學費全免；3.政教分離。

【100烏拉圭披索正面】

◎愛德華多‧法維尼 Eduardo Fabini(1883-1950)

20世紀烏拉圭古典音樂作曲家及小提琴家。從事教學和演出活動十餘年。 代表作有：採用民族音調所寫的交響詩《木棉樹之島》，向首都致意的《耕地交響曲》，以當地的植物命名的舞劇《姆布魯庫雅》，鋼琴曲《憂鬱的情歌》，歌曲《毀滅》等。

大家稱他為國家音樂學院的保管者。在人民心目中，如同古代象徵音樂的神話人物一般。

【100烏拉圭披索背面】

◎烏拉圭流傳故事中的音樂之神

體格健碩年輕俊美，旁樹停著一隻鳥，似乎正在傾聽音樂之神所吹奏的音樂。

【200烏拉圭披索正面】
◎佩德羅‧費加里 Pedro Figari(1861-1938)
烏拉圭畫家、律師、作家。將童年生活所觀察到的地方風俗精髓全部畫入圖中，獨特的繪畫風格，在拉丁美洲引發出藝術革命。最喜歡的主題是農村生活，呈現非裔烏拉圭人、鄉村婦女、景觀和馬的場景。作品被稱讚為「他使用的筆觸和色彩刻畫者運動和光」。

【200烏拉圭披索背面】
◎佩德羅‧費加里的畫作：Baile Antiguo(Old Dance)
描繪非洲裔烏拉圭人的慶祝活動，伴隨著音樂和舞蹈。

【500烏拉圭披索正面】

◎阿爾弗雷多‧巴斯克斯‧阿塞韋多 Alfredo Vásquez Acevedo(1844-1923)

烏拉圭教育家、法學家、政治家。在20世紀前25年，推動烏拉圭大學各種族和各院系多樣性發展的人物，尤其在推廣公共教育領域有極大的成就。

【500烏拉圭披索背面】

◎位於首都蒙得維的亞大學(University of Montevideo)

它是烏拉圭第一學府，建築物外表有濃厚的歐洲風格，華麗不嚴肅，是很多人夢想的學校，有許多優秀教授培養著未來的人才。

【1000烏拉圭披索正面】
◎胡安娜‧德‧伊瓦爾沃羅 Juana de Ibarbourou(1895-1979)
烏拉圭著名女詩人和小說家、美洲女權主義者。詩作主要是對愛情、母性、人體和大自然的謳
歌。
《風中的玫瑰》、《清涼的水罐》、《野根》是其詩歌創作上的傑作,被授予「美洲的胡安娜」
光榮稱號。

【1000烏拉圭披索背面】
◎紀念她的伊瓦爾沃羅廣場及她的著作

【2000烏拉圭披索正面】

◎達馬索‧安東尼奧‧拉拉納加 Dámaso Antonio Larrañaga(1771-1848)

烏拉圭牧師、政治家、博物學家。推動烏拉圭國家圖書館的成立，及創立烏拉圭共和國大學。

【2000烏拉圭披索背面】

◎烏拉圭國家圖書館

烏拉圭國家圖書館的前身蒙得維的亞的第一所公共圖書館。

自1970年，制定版權法律，要求出版商每種出版物要向國家圖書館上繳2冊。

1. 烏拉圭人白人占九成以上（南美其他國家大部分混血），大多數是西班牙及義大利後裔，熱情浪漫，非常喜歡唱歌、跳舞。

2. 自1989年迄今，烏拉圭流通鈔票圖案風格非常接近歐洲。往前推，上版烏拉圭鈔票圖案千篇一律，只有金額及顏色不同而已：正面都是烏拉圭獨立之父何塞‧赫瓦西奧‧阿蒂加斯(Jose Gervasio Artigas)，背面都總統府。

3. 人物沒登上鈔票，但卻值得推介：

全球最窮總統

烏拉圭總統何塞，穆希卡 Jose Mujica Cordano(1935-)

烏拉圭第四十任總統(2010-2015)。

一生精彩，混過黑幫、打游擊10年、曾身中六槍、蹲過14年苦牢、擔任總統。

總統任內贏得全民65％高支持率。上任後，捐九成薪水給慈善機構並救助遊民。拒遷入總統官邸，不打領帶，開老爺車上下班。常言儉樸使他富足，認為雖然當了總統，不能忘卻自己也是平常人。

上任後著手放寬墮胎、同志婚姻，推動大麻種植和銷售合法化等。

穆希卡79歲卸任，數千人前來送別。被稱為「全球最窮總統」，卻是「最受人民歡迎的總統」。

委內瑞拉 石油命脈
Venezuela

首都：加拉加斯(Caracas)
面積：912,050平方公里
人口：32,657,100人
貨幣：委內瑞拉玻利瓦(VEF)　1 USD ≒ 248.567 VEF

國旗的黃、紅兩色是西班牙母國主色，中間隔著藍色大西洋，黃色是資源，紅色是愛國情操，八顆白色五角星象徵支持獨立的八個省。

1499年，義大利人亞美利哥在馬拉開波湖岸邊，發現沼澤地景象和義大利Venezia（威尼斯）街道相似，稱這裡為 Venezuela，西班牙語意為「小威尼斯」。

1810年，委內瑞拉脫離西班牙的控制，宣告獨立，至1830年以前，委內瑞拉與哥倫比亞、巴拿馬與厄瓜多等鄰國同樣，都是大哥倫比亞共和國的一部分。

1830年，大哥倫比亞宣告瓦解，委內瑞拉獨立建國，其後政權交替由強人掌權：

委內瑞拉被稱為「瀑布之鄉」，擁有世界上落差最大的安赫爾瀑布(Angel Falls)。

委內瑞拉是環球小姐、世界小姐的最大製造國。

委內瑞拉在馬拉開波湖發現豐富的油田，利用石油獲利。

六個拉美國家從西班牙手中被玻利瓦解放獨立，委內瑞拉是其中之一，故貨幣以玻利瓦命名，以茲感念。

◀【500委內瑞拉玻利瓦正面】

弗朗西斯科‧德‧米蘭達 Francisco de Miranda(1750-1816)

拉丁美洲獨立運動的先驅。1810年，和波利瓦宣告委內瑞拉獨立，成立第一共和國。

1812年，西班牙殖民軍進攻委內瑞拉，米蘭達為總司令，戰爭失利被迫投降，委內瑞拉第一共和國覆滅。米蘭達被捕入獄，被押解到西班牙囚禁，死於獄中。

▼【500委內瑞拉玻利瓦背面】

亞馬遜河豚(Inia Geoffrensis)，是體形最大的淡水豚，全身都呈現粉紅色。

背景是管蠕蟲(Bispira)，底部粘在海底底層岩石上，紅色的肉頭有許多片狀觸手，體內聚集著數以億萬計的共生菌，是亞馬遜河及奧里諾科河流域特有的物種。

◄【1000委內瑞拉玻利瓦正面】

佩德羅‧卡梅霍 Pedro Camejo(1790-1821)

委內瑞拉獨立戰爭期間民族英雄。1821年，西蒙‧玻利瓦率部在卡拉沃沃打敗殖民者，委內瑞拉獨立。卡梅霍是玻利瓦共和軍戰役中，第一個非洲裔正式高級軍官。他有嫻熟的作戰技巧，戰爭當中總是被排在第一排。被賜名為「第一黑人」。

▼【1000委內瑞拉玻利瓦背面】

委內瑞拉瀕危物種毛犰狳(Priodontes Maximas)，是唯一有殼的哺乳動物，長得雖威武，但生性膽小，以鱗甲保護身體，晝伏夜出，主食是地下無脊椎動物（如蚯蚓）。
背景是棕櫚樹。

◀【2000委內瑞拉玻利瓦正面】

瓜依凱布洛 Cacique Guaicaipuro(1530-1568)

領導委內瑞拉對抗歐洲人滲透，聯合各部落共同對抗西班牙殖民軍。

1568年，被下逮捕令後遭埋伏，死在自家的茅屋。

▼【2000委內瑞拉玻利瓦背面】

美洲角鵰(Harpia Harpyja)

具有敏銳的目光和非凡的捕獵能力，在空中能清晰的看到地面，追逐獵物時，時速可達80公里。

◀【5000委內瑞拉玻利瓦正面】

路易莎・卡塞雷 Luisa Caceres de Arismendi(1799-1866)

是位將軍的夫人。在委內瑞拉獨立戰爭的過程中，她被監禁與放逐 3 年，監禁期間生活困苦，她仍無條件支持愛國抗爭及她的丈夫，表現出對國家的忠誠，為委內瑞拉的英雄。

遺體被埋葬在國家萬神公墓，是第一位被賦予這一榮譽的女性。

▼【5000委內瑞拉玻利瓦背面】

玳瑁(Eretmochelys Imbricate)特點是其鷹喙般的嘴，軀體後部鋸齒般的緣盾，甲殼上有色彩斑斕的花紋。生活在廣大的海域中，主要在淺水礁湖和珊瑚礁區，主食是海綿。由於海綿中通常含有大量二氧化矽（玻璃的主要原料之一），造成玳瑁是少數能夠消化玻璃的動物之一。目前玳瑁受到保護，禁止獵捕，玳瑁產品也禁止進出口。背景是玳瑁生活的淺水海域。

◄【10000委內瑞拉玻利瓦正面】

西蒙・羅德里格斯 Simon Rodriguez(1769-1854)
委內瑞拉的哲學家和教育家，公共教育有遠見的倡導者，被稱為委內瑞拉的蘇格拉底。

和西蒙・玻利瓦一起走入歐洲漫長的旅程。目睹拿破崙的加冕，見證了玻利瓦從西班牙手中解放所有的南美洲國家，並記錄它的歷史。

▼【10000委內瑞拉玻利瓦背面】

眼鏡熊(Tremarctos Ornatus)，是南美洲特產，眼睛周圍有一對像眼鏡一樣的圈，故而被稱為眼鏡熊。雄性的尺寸是雌性三倍，體重是雌性兩倍。背景是居住的安地斯山脈。

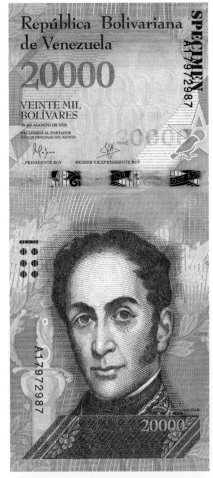

◀【20000委內瑞拉玻利瓦正面】

　西蒙‧玻利瓦 Simon Bolivar(1783-1830)

哥倫比亞、委內瑞拉、厄瓜多、巴拿馬、祕魯和玻利
維亞六國的國父。

委內瑞拉的貨幣就叫Bolivar。他是19世紀初，南美洲
北部為反對西班牙殖民統治而進行獨立戰爭的領袖，
著名的政治家和軍事家，委內瑞拉的民族英雄。使委
內瑞拉、哥倫比亞、厄瓜多、玻利維亞、巴拿馬和祕
魯獲得獨立。被尊稱為「解放者」和「南美的喬治‧
華盛頓」。

在十幾年的時間裡，西蒙‧玻利瓦領導拉美軍隊縱橫
馳騁，南征北戰，與另一位拉美解放者，南美南部的
聖‧馬丁共同對西班牙殖民主義者南北夾擊，最後終
於解放拉丁美洲。

▼【20000委內瑞拉玻利瓦背面】

黑頭紅金翅雀(Carduelis cucullata)

是一種小型目鳥類，只有約10公分長。

分布於南美洲的哥倫比亞及委內瑞拉北部特立尼達
島，喜在森林及草地的環境中棲息，以植物的果實為
食，通常過著群居的生活，黑頭紅金翅雀被認為是一
種將滅絕的物種。

一鈔一世界

1. 2016年，委內瑞拉發行一套鈔票，正面採豎版，皆是本國著名人物；背面則是拉丁美洲獨有的動物，人稱動物版，採用橫版，色彩明快鮮豔，令人激賞。

   2016年發行不久，遭受重貶，民不聊生。委內瑞拉總統馬杜洛(Nicolas Maduro)下令重訂貨幣，玻利瓦(Bolivar)的面值減去面額尾數五個0（即10萬舊鈔換1元新鈔），藉此對抗惡性通膨和經濟危機。（新鈔在2018年底出爐）

2. 舊版背面有兩張是重要景點，特別介紹之：

   (1)著名的瀑布：

◎2001年版背面　安赫爾瀑布（天使瀑布）(Angel Falls)

世界上最高的瀑布，總落差979公尺，水從瀑布上流下，落地前先行蒸發掉，到底部時又再次凝結成雨。是美加交界的尼亞加拉瓜瀑布高度的18倍，相當於一座三百多層的摩天大樓。瀑布分為兩段，先瀉下807公尺，落在岩架上後，再落下172公尺，最後沖入山腳下寬152公尺的水池內。瀑布為密林遮掩，宜從空中賞看。

1937年，美國探險家安赫爾，在空中對瀑布進行考察，不成功而緊急迫降在山頂。在缺乏食物下，荒野中與妻子徒步跋涉11天後，才到達最近的村鎮，被傳為奇蹟。

1956年，安赫爾在巴拿馬死於飛行事故，兒子依遺願將其骨灰撒在瀑布中，委內瑞拉也將瀑布命名為「安赫爾」。由於瀑布美得有如天使跌落人間，漸漸地，人們忘了瀑布名字來源於發現者，而稱它為「天使瀑布」。

世界最美的六大瀑布：
・美國和加拿大交界的尼亞加拉瀑布。
・非洲最大的維多利亞瀑布。
・巴西和阿根廷共有的伊瓜蘇瀑布。
・南美洲安赫爾瀑布。
・祕魯Gocta大瀑布。
・非洲南部圖蓋拉瀑布。

(2) 著名的水力發電廠：

◎2002年版背面　古里水電站(Electric powerdam at Guri)
距首都加拉加斯東南約500公里。該水電站自1963年開工，分3期實施，歷經23年至1986年竣工，是目前全世界僅次於中國長江三峽和巴西／巴拉圭伊泰普水電站的第三大水電站（參閱本書巴拉圭100000 Guaranies背面），提供委內瑞拉全國近半的電力，所發廉價水電，為委內瑞拉節省大量石油，並出口換取外匯，經濟效益顯著。

第四篇 大洋洲 Oceania

- 大洋洲包括澳大利亞、紐西蘭、新幾內亞及南太平洋的玻里尼西亞、密克羅尼西亞、美拉尼西亞共一萬多島嶼，是世界面積最小的洲，很多是大陸島、火山島、珊瑚島，島上森林密布，盛產椰子、麵包樹、甘蔗、鳳梨等熱帶經濟作物，島嶼魚群漫游、海水乾淨、海灘美麗、氣候宜人，是旅遊勝地。

- 吉里巴斯、東加、斐濟及紐西蘭的屬島皆接近太平洋中央的國際換日線（東經180度），是每日最早日出地方。反之，薩摩亞在換日線之右，是世界上最晚到看日出的國度。

- 現有十四個獨立國家，許多島嶼仍由美、英、法、澳、紐西蘭等管轄，居民有澳洲土著，紐西蘭毛利人及各島之南島語系島民。南島民族善於航海，運用星辰、海浪、潮流乘風破浪，深入大洋，生存空間，東到復活島，西抵馬達加斯加，南達紐西蘭，北至夏威夷。18世紀歐洲移民，最近由中東、亞洲各地移民日增，形成多元文化社會。除紐澳及巴布亞新幾內亞外，大部分島國是小國寡民，缺乏資源，經濟開發低，種族複雜，地勢低窪，加上地球暖化等不利條件，發展大受限制。

- 鈔票上，在1988 年澳洲首先推出塑膠鈔票，它耐用、防偽、乾淨、環保，漸漸成為主流，在大洋洲諸國使用頻率很高，如紐西蘭、巴布亞新幾內亞、薩摩亞、索羅門群島、斐濟、萬那杜等。

- 以下依國名英文字母排序，介紹各國現行流通鈔票：
  1. 澳大利亞 Australia(使用澳元尚有吉里巴斯Kiribati, 諾魯Nauru ,吐瓦魯Tuvalu)
  2. 斐濟 Fijian
  3. 馬紹爾群島Marshall Islands, 密克羅尼西亞Micronesia, 帛琉Palau(均使用美元)
  4. 紐西蘭 New Zealand
  5. 巴布亞新幾內亞 Papua New Guinea
  6. 薩摩亞 Samoa
  7. 索羅門群島 Soloman Islands
  8. 東加 Tonga
  9 萬那杜 Vanuatu

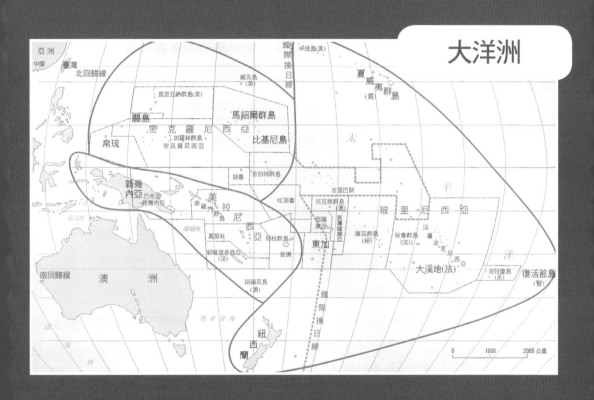

大洋洲

澳大利亞 有袋動物
Australia

首都： 坎培拉(Canberra)

面積： 7,692,060平方公里

人口： 25,306,500人

貨幣： 澳元(AUD) 　　1 USD ≒ 1.39 AUD

藍色旗面，象徵大海環抱著澳洲。左上角有英國米字旗，可聯想到和英國有親密的歷史淵源，是大英國協的一員。左下角有一顆大型白色七角星，代表澳洲六個州和一個區及北領地。右側是四顆較大的白色七角星與一顆較小的白色五角星，代表的是太平洋上空的南十字星座，也指出澳洲是南半球的國家。國旗上有南十字星座的國家都是在大洋洲。

1770年，庫克船長發現澳洲東部，見到各式植物及肥沃土地。

1788年，英國在澳洲東南建立第一個殖民地「新南威爾斯」，為英國本土犯人的流放地。

1901年，六個殖民地聯合組成聯邦政府，宣布獨立。

澳洲目前是君主立憲制國家，伊莉莎白二世女王是名義上的澳洲女王。

澳大利亞一詞源於拉丁語，意思為「未知的南方大陸」，全球面積第六大的國家，世界面積最大的島國。1970年廢除「白澳政策」，提倡多元文化，加上其原住民，已吸納世界各族裔同爐共冶。

　　有多樣的自然景觀，包括熱帶雨林、沙漠、海濱、大堡礁及烏魯巨石。

　　由於地形的關係，人口大多分布在東南部。經濟以畜牧業、蔗糖及小麥為主。由於地廣人稀，空中學校在此相當普及。飛行醫生是此地獨有的職業。

　　澳洲多數是歐洲移民及其後裔，因此，歐洲文化影響澳洲極為深遠，但是整個澳洲文化還加入澳洲土著以及亞洲移民，使得澳洲文化發展成吸引人的多元文化。

【5澳元正面】

◎亨利・帕克斯 Henry Parkes(1815-1896)

澳大利亞聯邦之父。5次出任新南威爾斯州總理，提議將新南威爾斯更名為「澳大利亞」，致使1897-1898年舉行的澳大利亞聯邦會議，正式採納這一國名。

人像右側涼亭是聯邦亭，是就任總理就職宣誓之地。右側六位小肖像，是來自六個州的代表：

塔斯馬尼亞──Clark　　新南威爾斯──Barton　　西澳大利亞──Forrest

維多利亞──Deakin　　南澳大利亞──Kingston　　昆士蘭──Griffith

左側下方是位於滕特菲爾德市的亨利・帕克斯紀念藝術學校(S.H.P Memorial School of Arts)

學校圖案的下方就是組成澳洲國徽的六個州的州徽圖案。

【5澳元背面】
◎凱薩琳‧海倫‧斯彭斯 Catherine Helen Spence(1825-1910)
澳大利亞社會改革活動家。是第一位以本土題材進行創作的女性小說家、女權運動的先鋒。
右上側是橡樹枝，右側六人為來自聯邦六州代表人物。左下側是聯邦兒童局之建築。
左側是南十字星座（南半球最耀眼星座，相當於北半球之北極星）。

【10澳元正面】
◎班卓‧帕特森 Banjo Paterson(1864-1941)
澳大利亞詩人。肖像背後是一群奔騰的野馬；前方是長詩「雪河男子漢」描述的場景。在肖像與
面額10之間的白色樹葉和文字象徵另首名短詩「馬蒂爾達」，是澳大利亞非正式國歌。

【10澳元背面】

◎瑪麗‧吉爾默 Mary Gilmore女爵(1865-1962)

澳大利亞歷史上著名的女作家和詩人。左邊的手寫體是她著名的愛國詩篇〈不許敵人搶奪我們的果實〉，背景圖案是此作品運送羊毛馬車隊的場景。 肖像左側是畫家William Dobell在1957年為瑪麗‧吉爾默女爵畫的畫像。

【20澳元正面】

◎瑪麗‧萊蓓 Mary Reibey(1777-1855)

澳大利亞慈善家，參與大量慈善活動和學校的教育工作，也是成功的女企業家。左側背景是她經營船務的「水星號」帆船，右側背景是其在雪梨的發貨倉庫。

【20澳元背面】

◎約翰‧弗林 John Flynn(1880-1951)

澳州皇家飛行醫生服務機構創始人。創建空中救護組織。右側背景是飛行醫生巡迴救治時使用的
駱駝隊。左側背景是用於飛行急救的維多利亞號飛機。下方是內地鄉村急救站使用的腳踏式發電
機──給發報機供電。中央是一幅標明數位的人體醫學圖。

【50澳元正面】

◎大衛‧烏奈龐 David Unaipon(1872-1967)

澳大利亞土著人作家、發明家。是土著的代言人。肖像右上方是他獲得的剪羊毛工具發明專利。
背景右下方是他的作品《澳大利亞土著的傳奇與傳說》手稿，保存在米切爾圖書館。左側房屋是
19世紀後期在Point McLeay的Mission Church（使命教堂），烏奈龐曾在此受教育。

【50澳元背面】
◎艾蒂絲‧科恩 Edith Cowan(1861-1932)
澳大利亞第一位女議員，傑出的婦女和兒童權益的倡導者，建立兒童保護團體，促成建立兒童特別法庭。背景右方是科恩爭取婦女和兒童的權益演講的情景，背後是一位監護人和她收養的四個孩子。左上側建物是西澳州首府佩斯市議會大廈，1920年科恩在此擔當議員。

【100澳元正面】
◎奈麗‧梅爾巴 Nellie Melba(1861-1931)
澳大利亞女高音歌唱家，以抒情的花腔女高音馳名。著作《旋律和回憶》。
背景左側是1903年在雪梨Her Majesty's劇院的演出。

【100澳元背面】
◎約翰‧莫納什 John Monash(1865–1931)
澳大利亞傑出軍事將領。著作《澳紐軍團在法國的勝利》。肖像右側是一戰中攻打德軍興登堡防
線中的砲兵，左側為騎兵。

1. 這一套「塑膠鈔票」自1992年起至1996年出齊，是世界第一套，
防偽功能奇強，每張都有一「透明視窗」，綠色100元是琴鳥，黃
色50元是南十字星，橘色20元是指南針，藍色10元是風車，紅色
5元是銀蕨。

2. 從澳大利亞鈔票可看出「人人平等」，一面是男性，另一面一定是
女性，在世界諸國誠屬少見，真正的自由平等，沒有強權，沒有
高低貴賤，只要對社會和歷史有貢獻，都受人民愛戴與敬仰。以
最高額100元正面為例：Nellie Melba只是歌劇女高音，曾受英皇
封為爵士，其他方面與一般演藝圈的人差不多。她脾氣差，太自
負，鬧過緋聞。

100元背面：John Monash是第一次世界大戰的澳紐兵團指揮官，
當時澳大利亞並非獨立國家，受英國節制。再如20元正面Mary
Reibey，她出生於英國，因盜竊流放澳大利亞，後來結婚生子
（７個小孩），做生意發大財，興辦許多慈善事業，真是「英雄
不論出身低」。所以說澳洲敬重各行各業有成就的人。

3. 發達的農牧業：

【1985年版2澳元正面】
◎約翰‧麥克亞瑟 John MacArthur(1767-1834)
澳大利亞綿羊業創始人。因為麥克亞瑟的睿智，澳大利亞成為「騎在羊背上的國家」。

【1985年版2澳元背面】
◎澳大利亞農業專家威廉‧法雷爾 William Farrer(1845-1906) 使澳洲成為小麥出口大國。

4. 1985年《移民澳洲200周年塑膠紀念鈔》是世界上第一枚塑膠
鈔，值得珍藏。

　　塑膠鈔票其油墨不易滲透，線條更清晰，耐久性強，是紙鈔壽命
4－5倍，降低舊鈔回收成本。它不怕偽造，不沾細菌，有紙鈔無
可比擬的優越性。現在世界愈來愈多國家採用，澳洲研發最早，
已有霸主地位，成為塑膠鈔票的「被委外大國」。

【移民澳洲200周年紀念鈔正面】
◎描繪200年前英國移民者搭乘「薩帕拉」號雙桅帆船抵達雪梨時的情景
透明視窗人物是英國航海家詹姆斯‧庫克船長Captin James Cook(1728-
1779)。

【移民澳洲200周年紀念鈔背面】
◎主是是澳大利亞本土藝術圖案，中間是澳洲土著肖像，身後是根晨星杖。

在1642年，荷蘭探險家塔斯曼領航經過澳洲南部，發現一個大島，用其名命名為「塔斯曼島」。1644年再度遠航，經澳洲西部，取名「新荷蘭」。兩次所見景致不是太乾，就是太熱或難以穿越的雨林，他認為不值得殖民開發。

俟1770年，英國探險家庫克到達澳洲東岸，命名「新南威爾斯」，並在雪梨附近登陸，見到各式植物，綠草如茵，土壤肥沃，取名「植物灣」，給予極高評價，真是「瞎子摸象」所感不同！從此，新南威爾斯成為罪犯流放地，罪犯開墾土地，從事農作，墾殖致富，吸引歐洲人前來移民。

5. 澳洲將陸續推出新版澳元，2016年推出 5 元，正面是英國女皇伊莉莎白二世(Elizabeth II)，背面是國會大廈。2017年推出10元，2018年推出50元，2019年推出20元，2020年100元，都與現行版人物相同。

【最新版5澳元正面】
◎英國女皇伊莉莎白二世(Elizabeth II, 1926-)

【最新版5澳元背面】
◎國會大廈

【最新版10澳元正面】
◎班卓・帕特森 Banjo Paterson(1864-1941)

【最新版10澳元背面】
◎瑪麗・吉爾默 Mary Gilmore女爵(1865-1962)

【最新版50澳元正面】
◎大衛‧烏奈龐 David Unaipon(1872-1967)

【最新版50澳元背面】
◎艾蒂絲‧科恩 Edith Cowan(1861-1932)
視窗是一個３D打開的書，背景中間是黑天鵝和螢光墨水中的荊棘。

大洋洲使用澳元
三小國

吉里巴斯(Kiribati)

面積：811平方公里
人口：119,700人
首都：塔拉瓦(Tarawa)

　　一輪金光四射的太陽自海浪中緩緩升起，一隻軍艦鳥於上展翅飛翔，吉里巴斯位於國際換日線上，是全世界一天最早開始的國家。本旗被選為世界國旗最佳景致獎。

　　吉里巴斯有三大群島，分布在赤道上3,800平方公里的海域，面臨海平面上升的重大威脅。

　　經濟落後，農業以椰子、香蕉為主要作物，漁業也算發達。

諾魯(Nauru)

面積：21平方公里

人口：10,450人

首都：雅連(Yaren)

貫穿國旗的黃線代表赤道，表示位於赤道正南方，下方的白色十二角星代表十二個部落，藍色底色表示諾魯位於南太平洋。諾魯為位於南太平洋密克羅尼西亞群島的一個島國，世界最小島國，是世界第三小國（僅次梵蒂岡、摩納哥），諾魯是一個由磷石組成的島嶼，主要出產磷酸鹽，已漸耗竭。

吐瓦魯(Tuvalu)

面積：26平方公里

人口：11,100人

首都：富納富提(Funafuti)

國旗上的藍底代表南太洋國家，米字代表大英國協，九顆星代表吐瓦魯是由九個珊瑚礁島所組成，海平面上升對吐瓦魯造成嚴峻威脅。

吐瓦魯陸地面積狹小，土壤貧瘠，不適耕種，盛產椰子及麵包果。吐國海域遼闊，海產豐富，但技術落後很少開發，依賴與外國漁業合作。

斐濟 度假勝地
Fijian

首都：蘇瓦(Suva)
面積：18,274平方公里
人口：915,440人
貨幣：斐濟元(FJD)　　1 USD ≒ 2.13 FJD

水藍色的底，代表斐濟地處南太平洋。左上方英國米字旗表示是大英國協的成員國。右方的盾形紋徽是國徽，內有甘蔗、椰子、香蕉等主要農產品，這些農產品亦是外匯主要來源；還有鴿子銜著橄欖枝，象徵和平。國徽內有一紅色十字，代表信仰基督教。

斐濟是南太平洋發展程度比較高的國家，主要產業有農業、服務業、林業和漁業。

斐濟有一半人口是印度人，讓斐濟發展出多元種族文化。整個斐濟近年來觀光業發展，結合時髦的現代與純樸的南島風格，非常吸引觀光客的青睞。

【5斐濟元正面】

◎太平洋紅喉吸蜜鸚鵡 Kulawai（庫威鳥）

斐濟特有品種，在300多個島嶼中的4個島生存，有賞心悅目的綠色羽毛，嘴巴及尾部有黃橙色，屬極度瀕危的鳥類，現存不超過50隻。

【5斐濟元背面】

◎左側是斐濟瀕危的鳳頭鬣蜥(Crested Iguana)，是當地怪獸。中間是常見的棕櫚樹(Balaka Palm)。右側是Masiratu花，是斐濟特有的木蘭，屬開花植物。左上角背景是斐濟第二大島瓦努阿島的Valili山（見100元背面）。

【10斐濟元正面】

◎貝利魚Beli(Lover's Goby)又叫蝦虎魚，斐濟一種特有的淡水魚，生活在湍急的河流，頰部不時
　會顯示出大黑斑。

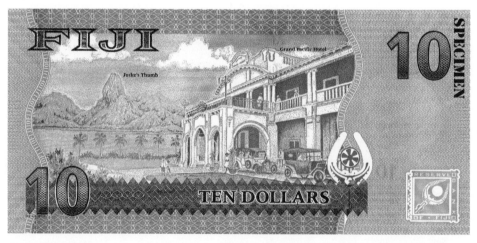

【10斐濟元背面】

◎喬斯科拇指山Joske's Thumb（是座火山），太平洋大飯店Grand Pacific Hotel（斐濟最大的賓
　館）。

【20斐濟元正面】

◎斐濟海燕(Fiji Petrel)，僅生存在Gau島上，現存不到50對，斐濟航空用此鳥作為其形象標誌。

【20斐濟元背面】

◎左上角為魚罐廠，左下角為伐木工廠，右上角為甘蔗收成（類似臺灣台糖小火車）（1874年英國大量引進印度勞工，從事蔗糖種植），右下角為開礦（黃金）。四者為四大經濟產業——林業、農業、礦業和漁業。

【50斐濟元正面】
◎斐濟國花扶桑花(Tagimoucia)，它僅生長在斐濟某一島，種植他地均告失敗。

【50斐濟元背面】
◎斐濟Tabua及Yaqona族人的起居禮儀，是斐濟土著的文化遺產。背景中間是Bure茅草小屋，是斐濟傳統的建築。左側是傳統的斐濟歌舞「米克」(Meke)，男女都穿裙子。

【100斐濟元正面】

◎斐濟巨蟬(Nanai)，體型特大，幼蟲長時間在土中度過，羽化成蟬，壽命短暫，雄蟬在盛夏鳴叫吸引雌蟬交配，交配後產卵，雙雙而死。

【100斐濟元背面】

◎斐濟的旅遊地圖，遊客在潛水、航行及歡唱。左側與中間是土著，髮形是鬈曲爆炸頭，右側是印度人。背景有兩大島，較似圓形的是維提島(Viti)，細長的是百努阿島(Vanua)，還有甚多珊瑚礁岩。

一鈔一世界 1. 斐濟曾是英國殖民地，1970年獨立成立為大英國協成員國。斐濟人口不足100萬，由斐濟族人、印度人、部分華人組成，因種族之間矛盾，多次發生政變。2006年底，斐濟軍事強人拜尼馬拉馬接管政權，解散國會，使其他大英國協的成員認為斐濟不適合留在國協。斐濟在1996年版的全套鈔票均是較年輕的英王，2007 年版是較年長的英王。但在2013 年版，決定將英王頭像自鈔票上移除。斐濟是南太平洋島國，有極豐富動植物資源，所以新鈔採用斐濟著名及代表性動植物取代伊莉莎白二世頭像，並將獨特文化及如畫美景印在其上。獨有動植物印在鈔票上，可喚起人們的關注，讓子子孫孫保護這些生物，這就是國家的自然歷史。它是世界首套Flexycoin鈔票，是種色彩更鮮豔，雕刻附著更強的塑膠鈔票，其命名意思是「柔軟的硬幣」。

◎1996年版英國女王伊莉莎白二世 Elizabeth II(1926-)

◎2017年版英國女王伊莉莎白二世 Elizabeth II(1926-)

2. 世界最小鈔值：

民國27年(1938)正值中日戰爭，日本人以華制華，在華北成立
「中國聯合準備銀行」，發行「半分」的鈔票，面值0.005元，
原以為是世界鈔值最小的鈔票，但斐濟在1942 年發行 1 便士的
鈔票，因那時非十進位（1鎊＝20先令Shining，1先令＝12便士
Penny），所以1便士＝0.0042鎊，堪稱世界最小值。1969年後斐
濟改用十進位。

◎中國半分，
　1938年版

◎斐濟1 Penny
　1942年版

3. 斐濟由320個小島組成，其中塔妙尼(Teveuni)島位於國際換日線。
這一張〈千禧年紀念鈔〉背面有一群斐濟島民目睹千禧年第一道
曙光。

【千禧年紀念鈔背面】
◎一群斐濟居民觀看千禧年太陽升起第一道曙光(First Light)。180度經線為千禧年最先開始的地
　方。

4. 2016年8月11日在巴西里約奧運會，斐濟贏得7人制橄欖球冠軍，
   它是斐濟史上唯一的奧運金牌，斐濟政府因此在2017年4月發行
   全球唯一7元面額鈔票，並宣布8月11日是國定紀念日。

◀【奧運金牌紀念鈔正面】
抱球跑步的是橄欖球隊長Osea Kolinisau(1985-)，坐在沙丘
的是教練本‧瑞恩Ben Ryan(1971-)

▼【奧運金牌紀念鈔背面】
斐濟12名橄欖球員、教練、職員，來自不同領域，有無業
遊民、服務生、警察、獄警、農夫。

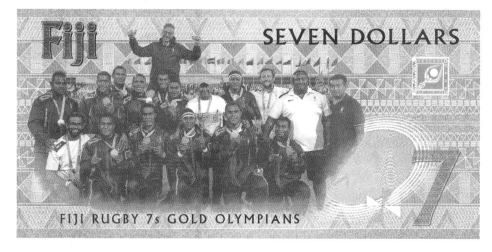

大洋洲使用美元
三小國

馬紹爾群島(Marshall Islands)
面積：181平方公里
人口：57,165人
首都：馬友洛(Majuro)

馬紹爾國旗以藍色為底色，表示美麗的太平洋；橘、白斜條分別是日落與日出，橘色也象徵茁壯、勇敢，白色則是和平。左上有二十四道光芒，表示有二十四區域，四道長光芒形成十字形，表示基督教國家。

馬紹爾是中太平洋島國，蘊藏磷酸礦，漁產豐富，農業以椰子為主，積極發展旅遊業。全國距海平面不高，很怕狂風巨浪侵襲。

馬紹爾群島由904個小島組成，全部為珊瑚礁島。國土分為兩個部分，分布在東南面的為日出群島，在西北面的為日落群島，中間相隔約208公里。

1788年，英國東印度公司馬紹爾船長始登陸探險，爾後取其名稱為馬紹爾群島。1986年獨立。

密克羅尼西亞聯邦 (Federated States of Micronesia)

面積：702平方公里
人口：104,930人
首都：帕利基爾(Palikir)

國旗藍底代表美麗太平洋，四顆白色五角星代表四個地域，也代表南十字星與十字架，顯現該國為基督教國家及南半球國家。

密國是一小島國，出產硫礦、椰子、鮪魚，相當缺水，四面皆海，是旅遊潛水好去處。

帛琉(Palau)

面積：459平方公里
人口：21,500人
首都：恩吉魯穆德(Ngerulmud)

帛琉國旗包括黃、藍兩色（很醒目的對比色），藍色代表浩瀚海洋，黃色圓形代表皎潔滿月，意味著帛琉四周為海洋及月亮對人類及萬物深具影響。

帛琉是一小島國，主要產品有鮪魚、椰乾、成衣、手工藝品，並積極發展旅遊業。

特用前版美元,請與美國現行美元做比較,舊版仍可使用。

【1美元正面】
◎喬治·華盛頓
George Washington
(1732-1799) 美國第
一任總統

【1美元背面】
◎合眾國建國的老鷹和
金字塔

【2美元正面】
◎湯瑪斯· 傑弗遜
Thomas Jefferson
(1743-1826)美國第
三任總統

【2美元背面】
◎大陸會議發表〈獨立
宣言〉情景

【5美元正面】

◎亞伯拉罕・林肯
　Abraham Lincoln
　(1809-1865)美國第
　十六任總統

【5美元背面】

◎林肯紀念館

【10美元正面】

◎漢密爾頓　Alexander
　Hamilton
　(1755-1804)美國首
　任財政部長

【10美元背面】

◎美國財政部大樓

【20美元正面】
◎安德魯・傑克遜
　Andrew Jackson
　(1767-1845)美國第七
　任總統

【20美元背面】
◎白宮

【50美元正面】
◎尤利西斯・格蘭特
　Ulysse S.Grant
　(1822-1885)美國第
　十八任總統

【50美元背面】
◎美國國會大廈(United
　States Capitol)

【100美元正面】
◎班傑明‧佛蘭克林
Benjamin Franklin
(1706-1790)美國政治家
和科學家

【100美元背面】
◎費城獨立廳
(Independence Hall)

紐西蘭 毛利家鄉
New Zealand

首都：威靈頓(Wellington)
面積：268,021平方公里
人口：4,641,600人
貨幣：紐西蘭元(NZD)　　1 USD ≒ 1.47 NZD

國旗背景是藍色，南十字星表示位於南半球，米字旗標誌代表是大英國協的一員。

　　紐西蘭的基督城具濃厚英國風味，自詡「比英國更英國化」。

　　2016年公投，紐西蘭民眾票選出藍、黑色為底的銀蕨圖樣，旁邊搭配與原本國旗相同的紅色南十字星圖案與現今國旗進行公投，決定是否變更國旗，最後保留舊有具英國米字旗設計的國旗勝出。

紐西蘭主要由北島和南島兩大島嶼組成，兩島以庫克海峽分隔，首都威靈頓即位於北島南端處。紐西蘭是少數不位於歐洲的白人國家。

　　紐西蘭野生生物由於長時間的與世隔離，發展出與眾不同且具有多樣性的生態環境。

　　畜牧業是紐西蘭經濟的基礎，農牧產品出口值占出口總值的一半。羊肉和奶製品出口量均居世界第一位。羊毛出口量居世界第二位。旅遊業是僅次於乳製品業的第二大創匯產業。漁產也豐富，擁有世界第四大專屬經濟海域。

　　紐西蘭的地表景觀富於變化，北島多火山和溫泉，南島多冰河和湖泊。北島的魯阿佩胡火山的獨特地貌形成了世界罕見的火山地熱異常帶，這裡遍布著高溫地熱噴泉。

　　毛利人是紐西蘭的原住民，在社會各界和政府機構中扮演著重要的角色。毛利語也是紐西蘭官方語言之一。

【5紐西蘭元正面】

◎艾德蒙‧希拉里爵士 Edmund Hillary(1919-2008)

偉大的探險家。1953年5月9日，第一位登上珠峰山頂。一生進入尼泊爾山區高達一百餘次，從事環境保護及人道關懷行動。左側背景是紐西蘭第一高山庫克山。

【5紐西蘭元背面】

◎黃眼企鵝(Hoiho)。背景為坎貝爾島、海島百合、雛菊。

黃眼企鵝因眼圈周圍為黃色而得名，和其他企鵝一樣，黃眼企鵝的主食是魚。

【10紐西蘭元正面】
◎凱特・薛伯特 Kate Sheppard(1848-1934)
女權運動創始人，促使紐西蘭成為第一個給予婦女選舉權的國家。
薛伯特女士積極鼓勵婦女參與第一次投票，讓這次投票有將近2/3的婦女參與。
左側背景是山茶花。

【10紐西蘭元背面】
◎紐西蘭藍鴨(Blue Duck，俗名Whio)
紐西蘭的特有水鴨，喜歡在山間的急流中活動。
背景左側是紐西蘭國花銀蕨，生長在密林裡，有的高達10餘尺。

【20紐西蘭元正面】
◎英國女王伊莉莎白二世 Elizabeth II (1926-)
左側背景是紐西蘭國會大廈。

【20紐西蘭元背面】
◎紐西蘭獵鷹(New Zealand Falcon)
紐西蘭特有的隼科鳥類，可以在每小時230公里的高速飛行中捕捉獵物，列為瀕危物種。
背景左下角是馬爾堡雛菊。中央是塔普愛奴庫山(Mt.Tapuaenuku)。

【50紐西蘭元正面】

◎阿佩拉納‧恩加塔 Apirana Ngata(1874-1950)

著名的毛利運動領袖，領導掀起復興毛利文化運動，幫助毛利人發展傳統手工藝，畢生為毛利人權益奔走並取得極大成效。

背景左側是毛利大會堂的圖案。

【50紐西蘭元背面】

◎冠鴉(Kokako)

紐西蘭特有鳥，叫聲非常好聽，當地人稱為「風琴鳥」和「鈴鳥」。

背景是冠鴉生活的北島中部陶波湖附近的針葉林。

左側是兩顆天藍蘑菇。

【100紐西蘭元正面】

◎歐尼斯特・盧瑟福 Ernest Rutherford(1871-1937)

紐西蘭物理學家，原子之父，現代原子科學的奠基人。1908年，獲得諾貝爾化學獎。

左側背景是他獲得的諾貝爾化學獎獎章。

【100紐西蘭元背面】

◎金絲雀(Mohua)、紅櫸樹(Red Beech)

左側背景是格林頓山谷(Eglinton Valley)及南島地衣飛蛾(Lichen Moth)。

**一鈔
一世界**

紐西蘭流通鈔票正面是人，背面是鳥。這些鳥都瀕臨滅絕。

而人多屬第一主義，如5元是第一個登上聖母峰，10元是第一位推動婦女投票權，50元是第一位完成大學學歷的毛利人，100元是則第一位發現自然界放射線。

1. 紐西蘭是世界最早擁有女性投票權的國家，鈔票上有女權運動創始人就是該國重視女權最好的例子。

   歷史上而50元鈔票上有毛利人，可見只要對國家有貢獻的重要人物，不分種族都會受到重視。

   鈔票背面呈現紐西蘭相當珍奇的動植物，也證明他們極力保護環境。

2. 紐西蘭自2015年10月起陸續推出新鈔，新鈔正面人物與背面的鳥類與1999年版相同，不同之處是新版鈔票色彩更多樣，也更明亮，更增加安全性及防偽性。

3. 國際鈔票協會International Bank Note Society(IBNS)在2016年4月底公布2015年最佳年度鈔票，由新版紐西蘭5元鈔勝選。

4. 一位美國賓州銀行的高階主管，也是鈔票達人名叫大衛‧斯坦迪仕(David Standish)出版一本書《金錢的藝術》(*The Art of Money*, 2000.3)，內有一章節推薦十大最美鈔票，第六名就是紐西蘭1999年版的5元鈔票，附上這版鈔票，可和前方2015年版5元鈔票比較一番。

◎紐西蘭5 Dollars1999年版，生前就上鈔票，除國王外，誠屬罕見。
正面 艾德蒙‧希拉里爵士 Edmund Hillary(1919-2008)、庫克山

◎背面 黃眼企鵝(Hoiho)

5. 茲介紹兩張紐西蘭的紀念鈔：

其一：《懷唐伊條約簽署150周年紀念鈔》（1990年發行）。
1840年，英國和原住民毛利人(Maori)在「懷唐伊」(Waitangi)簽訂
盟約，英國美其名保護，實則合法統治。在鈔票背面可以看到英
國代表非常高傲，毛利酋長低聲下氣簽約。到1990年恰為150周
年，特發行紀念鈔。

事實上，澳洲土著反抗英國，幾乎被趕盡殺絕；紐西蘭土著毛利
人，識實務者為俊傑，簽訂《懷唐伊盟約》(Treaty of Waitangi)
而保全性命。現毛利人占紐西蘭15%人口。又澳洲土著來自東南
亞，而毛利人來自夏威夷。

◎《懷唐伊條約》簽約時的情景。《懷唐伊條約簽署150周年紀念鈔》背面。

其二：《千禧年紀念鈔》（2000年發行）

紐西蘭非常接近國際換日線，特別是所屬的「查塔姆群島」就在換日線上，可以目睹千禧年曙光。是時紐西蘭正值夏天，許多紐西蘭人正享受各種水上活動。

【千禧年紀念鈔正面】
◎描繪一艘毛利人瓦卡（獨木舟）在第一道曙光下，開啟創新和發現之旅。

【千禧年紀念鈔背面】
◎描繪紐西蘭戶外活動：衝浪、滑雪、沙灘活動、潛水和划艇。

巴布亞新幾內亞 熱帶雨林
Papua New Guinea

首都：摩爾斯比港(Port Moresby)

面積：462,840平方公里

人口：8,199,500人

貨幣：巴布亞新幾內亞基那(PGK)　　1 USD ≒ 3.367 PGK

國旗以對角線劃分紅、黑兩三角形，紅色象徵人民的活力，黑色象徵人民的人種，黃色象徵物產。天堂鳥又叫極樂鳥，羽毛色彩鮮豔，是巴布亞新幾內亞的國鳥，也是幸福及親善的象徵。南十字星是南太平洋國家的標誌（黑白及紅黃配色十分醒目）。

巴布亞新幾內亞與印尼新幾內亞同一島嶼，分列左右（與海地、多明尼加同一島嶼分列左右相同），該國主要產品有金、銅、石油、原木、棕櫚油、椰子油等，全區都屬於熱帶雨林。

【各種面額鈔票正面】

◎巴國新議會大廈，其正面牆上有立體繪畫及雕刻，將各部落圖騰結合，被國際建築學會譽為民
　族建築典範。左上角是巴新國徽，國徽中央是巴布亞新幾內亞的國鳥──天堂鳥，以天堂鳥象
　徵自己國家悠久的歷史，和傳統的長矛、皮鼓一起繪在國徽上。

【2巴布亞新幾內亞基那背面】

◎哈根山斧頭，庫拉臂帶、刻紋狗牙

巴布亞新幾內亞還保有號稱地球上僅存的「新石器時代生活型態」這些石斧、石鋤就是用石頭、樹幹和藤蔓組合而成，是土著的原始工藝品。

【5巴布亞新幾內亞基那背面】

◎Hombuli面具、貝殼項鏈及傳統貨幣

圖騰面具，有祭祀用的祖靈面具、作戰用的盾牌面具及其島的精靈面具、驅魔的山牆面具、收成的薯芋面具等，代表各種不同的意義。在慶典活動，戴著面具，唱歌跳舞，是巴布亞新幾內亞重要盛會的配件。

【10巴布亞新幾內亞基那背面】
◎勇士在慶祝儀式或重要場合，身體會佩戴頸飾(Neck Omament)或腰飾(Waist Omament)如碗、
　貝殼貨幣、野豬獠牙、天堂鳥羽毛，或手鐲腳套，是個人美感及社會地位的表徵，或作為與所
　屬群體及神靈間溝通語言的工具。

【20巴布亞新幾內亞基那背面】
◎豬頭、臂帶、項鏈、貝殼飾物
在巴布亞新幾內亞島民的心目中，豬的身價最高，擁有多少豬與人的身分高低成正比。豬的獠牙
要獻給酋長。

【50巴布亞新幾內亞基那背面】

◎巴布亞新幾內亞總理米切爾‧索馬雷 Michael Somare(1936-)

酋長出身，領導巴布亞新幾內亞獨立鬥爭，獨立後出任首任總理1975-1980、1982-1985及2002-2011共三度出任總理，被稱為國父。右側是民族工藝品。

【100巴布亞新幾內亞基那背面】

◎左側是傳統產業，右側則是現代化建設和陸海空運輸工具，含開礦、石油、交通、旅遊。

一鈔一世界

1. 巴布亞新幾內亞(Papua New Guinea)國名很冗長，「巴布亞」係馬來語的「捲毛」，指當地人頭髮卷曲，50元正面人物的頭髮可作為例證 。又「新幾內亞」則是西班牙探險家Ynigo Ortiz de Retez所取名，因當地人很像先前在非洲所見的幾內亞人。新幾內亞島是僅次於格陵蘭的世界第二大島。

2. 從鈔票上可知道，巴國曾經過著部落生活，過去的食衣住行影響他們至深。現在的巴國，一邊維護著舊傳統，一邊發展新的社會。其實傳統生活是巴國最大的特色，也是他們長久以來的驕傲。尤其現在愈來愈多小島國，因發展現代化而忽略了原本舊有生活方式，但是巴國卻可以同時並存新舊文化，值得學習。

3. 巴布亞新幾內亞非常熱衷印行紀念鈔。如獨立20,25,30,35,40周年紀念鈔，中央銀行成立25,30,35,40周年紀念鈔，第9,13,15屆南太平洋運動會召開，千禧年紀念鈔，2018年APEC會議紀念鈔等。鈔票沒有另設計新版面，只在原鈔票上加蓋LOGO而已。茲以獨立35周年及第15屆南太平洋運動會兩張紀念鈔為例：

薩摩亞 落日餘暉
Samoa

首都：阿庇亞(Apia)
面積：2,831平方公里
人口：198,400人
貨幣：薩摩亞塔拉(WST)　　1 USD ≒ 2.59 WST

國旗左上角是南十字星，代表南半球國家，紅色代表勇氣，藍色是海洋和天空，又是崇尚自由的標誌。其國旗與我們的國旗在飄揚時，極為相似，是世界最遲看到日出的國度。

薩摩亞是一個南太平洋島國，約位於夏威夷與紐西蘭的中間、美屬薩摩亞的西方，為玻里尼西亞群島的中心，舊稱「西薩摩亞」，曾經是德國的殖民地。

薩摩亞原由聯合國委託紐西蘭管理，1962年獨立，主要產品是椰油、可可、鮪魚，工業基礎薄弱。

該國人口絕大多數為薩摩亞人，屬波利尼西亞人種。官方語言為薩摩亞語，通用英語。

薩摩亞以農業為主，盛產金槍魚。

薩摩亞是個完全免徵稅款的國家，被視為避稅天堂，上萬家的薩摩亞境外公司在此註冊。

【5薩摩亞塔拉正面】

◎拉洛曼奴海灘(Lalomanu Beach)風光──美麗沙灘、椰林處處。

【5薩摩亞塔拉背面】

◎蘇格蘭小說家羅伯特‧路易斯‧史蒂文生 Robert Louis Stevenson(1850-1894)在薩摩亞的故居
　（現為總統官邸）。其最著名的小說就是《金銀島》(Treasure Island)，描述海盜與藏寶的傳奇
　冒險故事，也改編上了銀幕。

【10薩摩亞塔拉正面】
◎薩摩亞Manu七人橄欖球球隊，2007年贏得香港國際七人橄欖球比賽冠軍。
英式橄欖球是薩摩亞的國球。

【10薩摩亞塔拉背面】
◎薩摩亞的小學生在上學。薩摩亞重視基礎教育。

【20薩摩亞塔拉正面】

◎希那羅亞瀑布(Sinaloa Waterfall)，高220公尺，在茂密森林中，宛如大自然的鬼斧神工。

【20薩摩亞塔拉背面】

◎薩摩亞國鳥齒鳩(Tooth-Billed Pigeon)，下身、頭部及頸部都是黑色，腳及眼睛周圍都是紅色，
　被列入瀕危物種。背景是國花紅花月桃(Teuila)，鮮豔奪目。

【50薩摩亞塔拉正面】
◎位於首都阿庇亞(Matagialalua)的政府辦公大樓。

【50薩摩亞塔拉背面】
◎薩摩亞中央銀行辦公大樓(Central Bank of Samoa)。薩摩亞是完全免徵稅的國家，為了避稅，
　它成為其他國家上市、上櫃公司的熱門避稅天堂(Tax Heaven)。

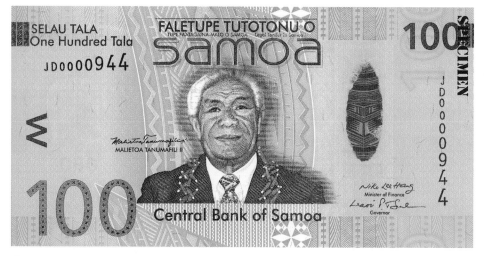

【100薩摩亞塔拉正面】

◎馬列托亞‧塔努馬菲利二世 Malietoa Tanumafili II(1913-2007)

薩摩亞國家第一任元首。他在位50年，首任為終身職，其後的元首已改為 5 年一任。在位期間僅次於泰王蒲美隆九世和英女王伊莉莎白二世。

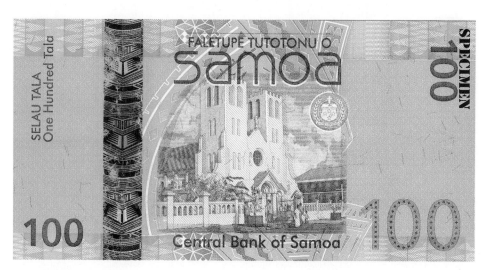

【100薩摩亞塔拉背面】

◎羅馬天主教教區總教堂(Mulivai Roman Catholic Cathedral)，興建於1905年，又稱白色聖母瑪利亞大教堂，外觀白色，代表純潔神聖，對聖母之禮讚，為當地之地標。

1. 2002年舊版鈔票有許多偽鈔，所以2008年發行新版鈔票。
   新版鈔票主題甚多，含文化、環境、教育、體育、經濟、自然、宗教、人民等，並加強鈔票的顏色及防偽。這套漂亮的紙幣等於為自己美麗的旅遊資源宣傳，最出色的莫過於20塔拉紙鈔，其題材淳樸、色彩精美，被世界紙鈔協會(IBNS)評為2008年度世界最佳紙鈔，對小國寡民的國度，作一最完美的置入行銷。

2. 在此也說說10 Tala正面的橄欖球賽事奪冠。
   20世紀初，美英德公約決議，將薩摩亞分成兩部分，東薩摩亞屬美國，西薩摩亞屬德國。在第一次世界大戰期間，紐西蘭趁機取代德國管轄。1962年西薩摩亞獨立，1997年西薩摩亞改為「薩摩亞」。其實兩個薩摩亞語言、種族皆同，但運動發展大異其趣。原西薩摩亞受紐西蘭影響，熱衷橄欖球及板球。東薩摩亞受到美國影響，則喜歡美式足球及棒球。就像臺灣的棒球受到日本的影響。

3. 2005年版10Tala 正面有香蕉摘獲，2006年版100Tala背面有可可收成，此二者為薩摩亞重要經濟作物。

4. 2006年版50Tala背面有薩摩亞傳統舞蹈——火舞，是一種表現體
　能極限的動感舞蹈，使觀賞者充滿緊張、尖叫。

索羅門群島 鮪魚之鄉

（中國譯名：所羅門群島）

Solomon Islands

首都：候尼亞拉(Honiara)
面積：28,896平方公里
人口：626,720人
貨幣：索羅門群島元(SBD)　　1 USD ≒ 8.11 SBD

國旗藍色代表藍天和碧海，黃色代表太陽生輝，綠色代表大地和森林，五顆白色五角星表示國家的五個群島，也表示是南十字星。

1568年，西班牙航海家門達尼亞見當地身佩黃金色飾品，認為找到傳說中的索羅門寶藏所在，故命名索羅門群島。

1978年獨立後，成為大英國協的成員國。以英國女王伊麗莎白二世作為國家元首。

索羅門群島位於太平洋西南部，礦產是鋁土及磷酸鹽，森林多，林業是重要產業，經濟作物有可可、椰子、棕櫚油，也是漁業資源豐富國家，有鮪魚之鄉的美譽。

【各種面額鈔票正面】

◎右側是國徽，上有交叉的長矛、弓箭和盾牌。盾牌的藍黃綠是國旗顏色，象徵海洋、太陽和大
　地。盾牌外的鱷魚和鯊魚是獨特的自然資源。頂部的太陽象徵著光明的前程。底部的文字寫著
　「領導就是服務」(To lead is to serve)。

【2索羅門群島元背面】
◎索羅門群島島民用長矛刺魚，用弓箭射魚，在捕魚技巧上已達登峰造極。

【5索羅門群島元背面】
◎索羅門的獨木舟。島民有很好的造船技術。

【10索羅門群島元背面】
◎傳統工藝，一位老婦在製作樹皮布(Tapao)。樹皮布可當毯子、屏風、服飾，也可當作賀禮。

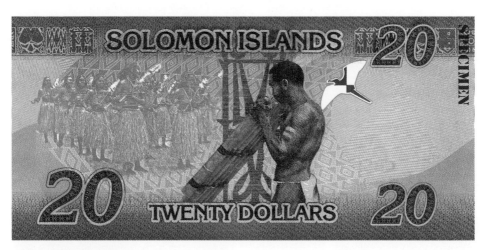

【20索羅門群島元背面】
◎索羅門島民熱愛歌舞，最著名是「排簫舞蹈」，舞者身著乾草編織服飾，隨著簫聲，大力踏
　地，激情起舞。

【50索羅門群島元背面】

◎鬣蜥、蜥蜴、蛇和蝴蝶等動物

索羅門群島物種多樣，其中大鳥翼蝶為世上最大蝴蝶，已列保育類蝶類。

【100索羅門群島元背面】

◎索羅門群島椰子。採收椰果，製椰子製品、椰子油料，是主要出口產品之一。除了是食物重要
　來源，其天然植物纖維可織衣物，另樹幹可作為梁柱，樹葉可覆蓋屋頂或編成牆壁、坐席。

一鈔
一世界

1. 2017年新版索羅門群島元採用Optiks塑料及超寬開窗安全線。鈔票正面都是國旗及國徽,背面則是其風土民情。舊鈔2元及 5 元已改輔幣,為使讀者多瞭解索羅門群島,特予刊錄。

2. 1942年,日本橫掃東南亞,由巴布亞新幾內亞攻占索羅門群島,將以此地為基地,作為進攻澳洲前哨。此時日軍戰力是二戰的最高峰,在各占領區發行戰爭軍票。在軍票的左右上方有使用國代碼,如緬甸是「B」,馬來西亞是「M」,印尼是「S」,菲律賓為「P」,至於大洋洲的巴布亞新幾內亞、塞班島、帛琉、關島、吉里巴斯和索羅門群島,其代號為「O」(Oceania)。現特附上「O」代號之軍票,現極難見到,彌足珍貴。後來1942年8月7日自索羅門群島的瓜達納島登陸,與美軍展開6個月的激戰,日軍戰敗,大將山本五十六在空中被擊落,日軍戰力急轉直下。

東加
友善群島（中國譯名：湯加）
Tonga

首都： 努瓜婁發(Nuku'alofa)
面積： 747平方公里
人口： 107,670人
貨幣： 東加潘加(TOP)　　1 USD ≒ 2.286 TOP

國旗左上角的白地紅十字表示是基督教國家；國旗的紅色是耶穌殉道時的鮮血（與瑞士國旗紅色意義相同）；白色代表信仰的虔誠和純潔。

東加位於南太平洋西部，由172個大小不等小島組成，在換日線西側，是最早迎接太陽之國。該國漁業及林業資源豐富，經濟作物以南瓜最有名，有工業區，尚屬小型工業。

1773至1777年間英國探險家詹姆斯·庫克船長曾經來此考察幾次，稱群島為友誼群島。

1845至1893年，東加成為一個統一而獨立的國家，並成為大英國協成員國。

東加是南太平洋唯一的王國，不曾被殖民，也不曾被征服。

東加大部分為珊瑚島，地勢低平，但西列多火山島，地勢較高，其中考奧火山高1,165公尺，為群島最高點。土地肥沃，可生產熱帶及副熱帶農作物。水資源無虞，但缺乏礦產、石油等自然資源。國內糧食生產尚不足，須從國外大量進口。

【各種面額鈔票正面】

◎東加國王圖普六世 Tupou VI(1959-)。其父陶法阿豪・圖普四世Taufa'ahau Tupou IV，2006年
9月11日病逝紐西蘭醫院，享壽88歲，在位41年；其兄喬治・圖普五世George Tupou V於旅遊香
港途中，2012年3月18日駕崩於瑪利醫院。現任國王圖普六世Tupou VI於2015年7月10日加冕，
依慣例如泰國、沙烏地阿拉伯，新王登基換新鈔（正面為新王，背面不改圖案，但改顏色）。

【2東加潘加背面】

◎觀賞海上鯨魚(Whale Watching, Vava'u)島的賞鯨最有名。每年6-10月東加海域會出現大翅鯨，自南極洄游而來交配繁殖。原先東加人為生活所需，大量捕殺大翅鯨，1978年圖普四世一聲令下，停止獵鯨，轉而發展賞鯨的旅遊業，現已占全國GDP的15%以上。

【5東加潘加背面】

◎蘭吉大石崗(Langi Nā Moala)埋葬國王和王后，由珊瑚岩建構而成。

【10東加潘加背面】
◎東加皇家墓地(Tonga Royal Tombs)

【20東加潘加背面】
◎東加儲備銀行大樓(National Reserve Bank of Tonga Building)

【50東加潘加背面】
◎東加皇宮(Royal Palace, Tonga)，位於首都努瓜婁發(Nuku'alofa)。

【100東加潘加背面】
◎東加瓦瓦烏港(Vava'u Harbour)，是賞鯨最佳地點。

一鈔
一世界

1. 東加的正面都是現任國王圖普六世Tupou VI，背面有四張是建築
（墳墓居然也上榜），外加與環海有關的港口及賞鯨六張鈔票，
色澤分明，別具風味

2. 在東加，可以從一個人的肥胖程度來判定其社會地位。他們視體
重為權位和美麗象微，貴族都比平民百姓巨大，而國王體型更是
身廣體胖。以圖普四世為例，就超過200公斤，堪稱世界最重元
首，至於五世、六世也是一樣「粗勇」，請讀者在以下鈔票正面
見識一番。不過以胖為美的觀念慢慢在改變，老國王圖普四世就
曾經以身作則，帶領10萬名國民展開減重運動。 國王藉著節制飲
食和運動，體動下降1/3，成功瘦身到130公斤，為國民做出榜樣。

東加人為什麼都長得胖？

1. 東加屬波利尼西亞人，波利尼西亞人一般長得高大魁梧。

2. 東加人吃澱粉含量高的食品，熱量值高。

3. 東加終年氣候溫熱，加上人們不愛活動、睡眠時間過長，形成體
內脂肪大量堆積。

◎ 陶 法 阿
豪 · 圖普四
世 Taufa'ahau
Tupou IV
(1918-2006)

◎喬治 · 圖普
五世 George
Tupou V
(1948-2012)

萬那杜 快樂之國（中國譯名：瓦努阿圖）
Vanuatu

首都：維拉港(Port Vila)
面積：12,189平方公里
人口：286,100人
貨幣：萬那杜瓦圖(VUV)　　1 USD ≒ 113 VUV

國旗中橫著的Y字表示群島排列於太平洋上的形狀，黑色的中央為象徵富裕的公豬獠牙和象徵和平的椰子樹。國旗顏色黑色代表國民的膚色，綠色象徵茂盛的森林，紅色為火山與愛國情操，黃色則是指肥沃的國土。

英國「新經濟基金會」發布的快樂星球指數Happy Planet Index(HPI)，從維持自然生態平衡的角度，依據生活滿意度(Life satisfaction)、預期平均壽命(Life expectancy)、生態足跡(Ecological Footprint)等三大指標，對全球將近兩百個國家進行排名。奪下這項排名冠軍的國家，竟然是小島國萬那杜。

1980年，萬那杜獨立。很多語言、多元文化、不同宗教在此融合，塑造萬那杜人包容、率真、豁達、豪放不拘小節的民族性格。

【各種面額鈔票正面】

◎雕像為阿提‧喬治‧索科馬努 Ati George Sokomanu(1937-)，萬那杜第一任總統，他為國家獨立而抗爭，並在獨立紀念日時對全國人民宣布萬那杜的座右銘──我們與上帝同在，全國人民必須團結。雕像站立在萬那杜境內最高聳的山峰──塔布葦馬薩納山，而背景的公豬獠牙和蕨葉則象徵神永遠保佑國家繁榮昌盛。左右下側的背景為萬那杜的空中俯瞰圖。

【200萬那杜瓦圖背面】
◎家庭幸福美滿。背景是萬那杜群島地圖、棕櫚樹、海螺殼。

【500萬那杜瓦圖背面】
◎文化活動推廣。背景是一群傳統舞者、沙地畫畫和萬那杜群島地圖。

【1000萬那杜瓦圖背面】
◎農牧業豐收。農民種植農作物和棕櫚樹、牧場牧馬牧牛和萬那杜群島地圖。

【2000萬那杜瓦圖背面】
◎稀有鳥類和萬那杜群島地圖。

【5000萬那杜瓦圖背面】
◎主題旅遊。划船、跳水、不同旅遊景點和萬那杜群島地圖。

【10000萬那杜瓦圖背面】
◎主題電信。背景有傳統的木雕及現代化電信和萬那杜群島地圖。

1. 新版的鈔面與舊版正面相同，人像表示獨立象徵，而背面大幅更改，反應萬那杜人的生活與他們的經濟活動息息相關，人人知足，過著小確幸的生活。

2. 舊版5000元背面值得一提，是高空彈跳(Bungee Jumping)的前身。

◎背景是陸地彈跳，為舉辦這種活動，居民得花5週時間準備，用樹枝搭建30多公尺高的跳塔，在不同高度安置跳臺，供競跳者可選擇不同高度來起跳。每年的四、五月，萬那杜都舉辦「死亡跳」，當地叫做「N'gol」，用來考驗年輕人的膽量，這也是萬那杜的一種成年儀式。
紐西蘭將此彈跳發揚光大，1988年首度「高空彈跳」，自此以後蔚為風潮。

國家圖書館出版品預行編目(CIP)資料

美洲與大洋洲鈔票故事館 / 莊銘國, 許啟發著.
-- 初版.-- 臺北市：五南，2019.02
面；　公分
ISBN 978-957-763-223-4(平裝)

1.紙幣 2.美洲 3.大洋洲

561.55　　　　　　　　　　　107022762

博雅文庫 216

RA4B

美洲與大洋洲鈔票故事館

作　　者	莊銘國　許啟發
發 行 人	楊榮川
總 經 理	楊士清
主　　編	侯家嵐
責任編輯	侯家嵐
文字校對	劉天祥　許宸瑞
封面設計	theBAND・變設計—Ada
內文排版	theBAND・變設計—Ada
出 版 者	五南圖書出版股份有限公司
地　　址	106台北市大安區和平東路二段339號4樓
電　　話	（02）2705-5066
傳　　真	（02）2706-6100
劃撥帳號	：01068953
戶　　名	：五南圖書出版股份有限公司
網　　址	：http://www.wunan.com.tw
電子郵件	：wunan@wunan.com.tw
法律顧問	林勝安律師事務所　林勝安律師
出版日期	2019 年 2 月初版一刷
定　　價	新臺幣 550 元